Spukhäuser, Geister und Dämonen

Was du dagegen tun kannst

Roberts Liardon

Titel der Originalausgabe:
HAUNTED HOUSES, GHOSTS & DEMONS / German
Aus dem Englischen übersetzt

Alle Rechte der deutschen Ausgabe bei:

Adullam Verlag
St.-Ulrich-Platz 8
85630 Grasbrunn
ISBN 3-931484-03-3

Bestellungen sind an obenstehende Adresse zu richten

1. Auflage, August 1995

Die Bibelstellen sind in der Regel der Revidierten Elberfelder Bibel entnommen.

Copyright © 1993 by Embassy Publishing Co.
P.O. Box 3500
Laguna Hills, California 92654, USA
Printed in Germany

Nachdruck, auch auszugsweise, nur mit schriftlicher Genehmigung des Verlages

Printed in Germany

Herstellung:
Übersetzung: Jutta Worgull & Adullam Verlag
Satz: Adullam Verlag, Grasbrunn
Druck: Jaspis, Augsburg

Inhaltsverzeichnis

Kapitel 1	Dämonen auf Raubzug	7
Kapitel 2	Der Verlust der Herrlichkeit	23
Kapitel 3	Die Behausungen der Dämonen	41
Kapitel 4	Mit Jesus in die Schlacht ziehen	53
Kapitel 5	Die Pforten der Hölle werden sie nicht überwältigen!	73
Kapitel 6	Sieben Schritte, die zur Besessenheit führen	83
Kapitel 7	Geh voran in der Kraft des Herrn!	117

Roberts Liardon wurde in Tulsa, Oklahoma geboren. Mit 8 Jahren wurde er von neuem geboren, im Heiligen Geist getauft und in den vollzeitlichen Dienst berufen, nachdem Jesus ihm den Himmel gezeigt hatte. Roberts wurde vom Herrn beauftragt, das Leben der großen „Generäle" Gottes - der Männer und Frauen des Glaubens, die in der Vergangenheit mächtig von Gott gebraucht wurden - zu studieren, um von ihren Erfolgen und auch von ihren Fehlern zu lernen.

Bereits im Alter von 14 Jahren lehrte und predigte Roberts in verschiedenen konfessionellen und überkonfessionellen Gemeinden, in Bibelschulen und Universitäten. Er dient in den Vereinigten Staaten und in Kanada, und seine Missionseinsätze haben ihn nach Afrika, Europa und Asien geführt. Viele seiner Bücher sind in andere Sprachen übersetzt worden.

Roberts predigt und lehrt unter einer starken Salbung des Heiligen Geistes. In seinen Predigten ruft er Menschen jeden Alters zur Errettung, zur Heiligkeit und einem Leben im Glauben und im Geist auf. Durch seinen weltweiten Dienst haben viele Menschen den Ruf Gottes auf ihrem Leben akzeptiert, sich voll und ganz ihrer Aufgabe im Königreich Gottes zu widmen.

1
Dämonen auf Raubzug

Neben den Eisenbahnschienen, die durch eine kleine Stadt in North Carolina führen, stehen fünf oder sechs Studenten einer nahegelegenen Schule in der Dunkelheit. Sie warten gespannt darauf, daß ein Geist erscheint.

Und sie sollen nicht enttäuscht werden.

Es ist kurz vor Mitternacht, als einer von ihnen plötzlich aufgeregt wispert: „Seht doch! Könnt ihr das erkennen?"

„Ja", antworten die anderen wie aus einem Mund. „Es kommt direkt auf uns zu!"

Etwa 100 Meter entfernt auf den Schienen ist ganz deutlich ein schwaches Leuchten zu erkennen. Und es handelt sich nicht um die Lichter eines Zuges! Es scheint vielmehr eine Gestalt zu sein, die auf sie zukommt - jemand, der eine Petroleum-Laterne vor sich herschwenkt.

Das Licht wird immer heller und die Bewegungen immer eindeutiger. Einer der Studenten glaubt, eine menschliche Silhouette hinter dem Lichtschein auszumachen - zumindestens die eines Armes, der die Laterne hält. Es kommt immer näher... und näher... und dann ist es verschwunden!

Die Studenten sind, mild ausgedrückt, enttäuscht. Sie sind davon überzeugt, daß sie gerade eine Begegnung mit einem Geistwesen hatten... und dieses Ereignis hat bei einigen von ihnen eine ungesunde Neugier auf übernatürliche Phänomene geweckt.

Eine Legende besagt, daß das Licht, das auf dieser Eisenbahnstrecke regelmäßig erscheint, im Zusammenhang mit einem Bremser steht, der vor über 100 Jahren durch einen grauenhaften Unfall an diesem Ort ums Leben gekommen ist. Dem armen Mann ist der Kopf abgetrennt worden. Und seit jenem Tag geht er fast jede Nacht den Abschnitt der Eisenbahnschienen entlang, an dem er ge-tötet wurde.

Das ist die Geschichte, die mit diesem sonderbaren Licht einhergeht. Doch wie verhält es sich *tatsächlich*?

In Pennsylvania zieht ein junges Ehepaar voller Begeisterung in sein neues Haus ein. Das zukünftige Heim ist zwar schon sehr alt, und die Renovierung wird einige Mühe kosten, doch das Grundstück, auf dem das Häuschen steht, ist herrlich - genau das, was sie sich erträumt hatten.

Doch bereits nach kurzer Zeit erfindet der vierjährige Sohn des Ehepaares ein eigenartiges Spiel: Er verbringt sehr viel Zeit damit, mit einem imaginären Freund zu sprechen, den er „alter Mann" nennt. Zunächst machen sich die Eltern keine Gedanken, denn sie wissen, daß alle Kinder gelegentlich einen unsichtbaren Spielkameraden erfinden.

Doch dann ereignen sich merkwürdige Dinge.

Der kleine Junge weigert sich, zum Abendessen zu erscheinen, weil er lieber im Kellergeschoß bleiben möchte, um mit dem alten Mann zu spielen. Er wird zunehmend rebellisch und distanziert sich immer mehr von seiner Familie.

Ab und an hört man die quietschenden Geräusche des Schaukelstuhls im Wohnzimmer, der plötzlich zu schaukeln beginnt, obwohl sich niemand darauf gesetzt hat.

Und gelegentlich ziehen feine Schwaden von frischem Pfeifentabak durch die Zimmer, obwohl alle Hausbewohner Nichtraucher sind.

Manchmal rennt die Katze der Familie aus unerfindlichen Gründen zu Tode erschreckt fauchend und zischend mit aufgestellten Nackenhaaren aus dem Zimmer.

Als dann der Vater eines Tages das Laub im Garten zusammenrecht, kommt er mit dem Nachbarn ins Gespräch. Dabei erzählt er von dem „alten Mann" und den seltsamen Vorgängen in seinem Haus. Der Nachbar, der ungewöhnlich interessiert zugehört hat, fragt aufgeregt, ob der Junge denn eine Beschreibung seines „unsichtbaren" Freundes geben könnte.

Nachdem der kleine Junge berichtet hat, wie sein neuer „Freund" aussieht, ist der Nachbar totenbleich geworden. Und seine Hände zittern.

Ohne es zu wissen, hat der Junge nahezu perfekt den ehemaligen Besitzer des Hauses beschrieben - ein älterer, unglücklicher Mann, der im Keller Selbstmord begangen hat. Weder den Eltern noch ihrem Sohn war dieses tragische Ereignis bekannt gewesen.

War der unglückliche, alte Mann zurückgekehrt, um den Ort seines Todes heimzusuchen? Oder trieb jemand anderes in diesem alten Haus in Pennsylvania sein Unwesen?

Was denkst du über Spukhäuser, Geister und ähnliche Erscheinungen?

Gibt es sie wirklich?

Ich weiß aus eigener Erfahrung, daß sie existieren. Heute bevölkern Geistwesen unseren Planeten, die scheinbar auftauchen und verschwinden können, wann sie wollen, die in der Dunkelheit der Nacht mit Ketten rasseln, die Menschen durch ihr Stöhnen und Ächzen zu Tode erschrecken - und die andrerseits versuchen, Menschen für sich zu gewinnen, indem sie ihnen ihre „Weisheit" und „Liebe" vorgaukeln.

Doch diese Wesen sind nicht die Geister von Verstorbenen.

Und wenn auch ein „Spukhaus" ein gruseliger Ort sein mag, ist die wahre Absicht und das eigentliche Ziel dieser „Kreaturen der Nacht" noch weitaus furchterregender. Denn jedesmal, wenn sich ein solches Wesen manifestiert, haben wir es in Wirklichkeit mit einem viel schlimmeren Geschöpf zu tun, als mit dem körperlosen Geist eines Toten.

In jeder Situation, die den beiden von mir beschriebenen ähnelt, trittst du in Kontakt mit Dämonen - mit Geistwesen, die gebunden und dazu bestimmt sind, das Königreich ihres Herrn und Meisters, des Satans selbst, voranzutreiben.

Wenn du über Dämonen sprichst, wird ein Großteil der Bevölkerung in Gelächter ausbrechen. Selbst Menschen, die an Geister glauben, werden sich über dich lustig machen, wenn du behauptest, an die Existenz von Dämonen zu glauben.

Intellektuelle Zuhörer werden versuchen, dich davon zu überzeugen, daß es so etwas wie Dämonen überhaupt nicht gibt. Sie werden behaupten, daß dieser Begriff ein Relikt aus vergangenen Zeiten ist, in denen körperliche und geistige Krankheiten dem Einwirken übernatürlicher Kräfte zugeschrieben wurden. Doch heutzutage, werden sie argumentieren, wissen wir es besser. Was früher auf dämonische Mächte zurückgeführt wurde, ist nichts anderes als das unergründliche Zusammenspiel des Körpers und der Seele des Menschen.

Doch diese Intellektuellen irren sich. Und sie irren sich gewaltig!

Auch die Anhänger der *New-Age-Bewegung* werden dir erklären, daß es keine Dämonen gibt. Sie vertreten die Meinung, daß alle übernatürlichen Kräfte im Grunde ihres Wesens gut sind. Doch auch sie liegen völlig falsch!

Dämonen existieren sehr wohl, und sie tun alles, was in ihrer Macht steht, um so viele Menschen wie nur irgend möglich zu zerstören. Gerade in dieser Zeit sind dämonische Mächte in der ganzen Welt auf einem gnadenlosen Raubzug, denn sie wissen, daß ihr Ende bevorsteht - daß die Entrückung vor der Tür steht und daß das 1000jährige Reich des Herrn Jesus Christus mit jedem Pulsschlag näherrückt. Deshalb kämpfen sie mit verzweifelter Verbissenheit darum, möglichst viele Menschen mit sich in die ewige Verdammnis zu reißen.

Wenn du mit offenen Augen durchs Leben gehst, wirst du erkennen, daß Dämonen in einigen Bereichen eifrig am Werk sind:

° Unter den Dämonen herrscht große Freude, wenn es ihnen gelungen ist, daß Straßenbanden ganze Stadtviertel kontrollieren und 13- bis 14jährige Teenager Gewaltverbrechen, ja sogar Morde, begehen.
° Dämonen freuen sich, wenn die Unterhaltungsindustrie durch den Verkauf von Medien, die Sex, Gewalt und die Entwürdigung des menschlichen Geistes propagieren, boomt.

° Dämonen sind begeistert, wenn in Amerika oder anderen Ländern der Welt jedes Jahr Millionen von unschuldigen Embryos abgetrieben werden.

Das sind nur drei Bereiche der heutigen Gesellschaft, in denen ganz offensichtlich dämonische Mächte ihr Unwesen treiben.

Wie du sehen kannst, kontrollieren Dämonen in unserer Zeit in globalem Umfang die Politik, Massenbewegungen und sogar Regierungen. Und sie beeinflussen, wo immer dies möglich ist, auch Einzelpersonen. Wenn ein Dämon Zutritt zum Leben eines Menschen findet, wird er alles daransetzen, die völlige Kontrolle über die betreffende Person zu erlangen.

Dämonen bedrücken und quälen ihre menschlichen Opfer auf unterschiedlichste Weise. Sie personifizieren sich in der Gestalt Verstorbener, die ihrem Opfer sehr nahegestanden haben. Oder sie „suchen" Häuser oder andere Orte „heim". Sie rasseln um Mitternacht mit Ketten oder machen stöhnende Geräusche, oder sie versuchen sich Zutritt zur Gedankenwelt eines Menschen zu verschaffen, indem sie vorgeben, weise und hilfreiche, gute Geister aus einer „höheren Sphäre" zu sein. Doch ihr Endziel ist in jedem Fall, sich in der betreffenden Person einzunisten und sie „in Besitz zu nehmen".

Wie sollte ich reagieren?

Bevor wir fortfahren, möchte ich einen Punkt so deutlich wie möglich darlegen:

Wenn du ein von neuem geborener, geisterfüllter Christ bist, hast du nichts - auch nicht das geringste - von all den dämonischen Mächten der Welt zu befürchten. Es ist ganz gleichgültig, ob sich jeder Dämon im Universum, einschließlich Satan selbst, gegen dich ver-schworen hat. Wenn du die Kraft des Herrn Jesus Christus in dir hast... wenn du für Ihn lebst, Ihm vertraust und deine Lust an Ihm hast..., können alle Geister der Hölle dir nichts anhaben!

Trotzdem wäre es nicht ratsam, diese dämonischen Kräfte zu ignorieren. Du mußt dir bewußt sein, daß Dämonen existieren und ihre Taktiken kennen, denn du mußt lernen, wie du sie überwinden kannst. Wenn du von neuem geboren und mit dem Heiligen Geist erfüllt bist, wirst du früher oder später auf irgendeine Weise mit dämonischen Mächten konfrontiert werden. Und wenn dieser Tag kommt, mußt du wissen, was zu tun ist.

Du solltest nicht unwissend darüber sein, wie du von der Autorität, die du in Christus besitzt, Gebrauch machen kannst, um die Geister der Hölle zu überwinden, um dich selbst und deine Lieben vor satanischen Angriffen zu schützen und um andere von der Gebundenheit durch finstere Mächte zu befreien.

Dabei stelle ich mir bei weitem nicht vor, daß ein Christ sich in seiner Gedankenwelt ständig mit Dämonen beschäftigen sollte. Unser Augenmerk muß auf den Herrn, und nicht auf Satan, gerichtet sein. Auf der anderen Seite kann Unwissenheit gefährlich werden. Wir müssen uns der Machenschaften des Teufels bewußt sein, ehe wir ihn schlagen können.

Wir müssen verstehen, daß es in Satans Reich eine Hierarchie, eine Strategie und eine Vision gibt, die verwirklicht werden soll. Wir müssen wissen, daß Satan, auch bekannt als Luzifer, heute eifriger denn je am Werk ist und daß er nur ein Ziel hat: Er will die ganze Menschheit, einschließlich dir und mir, zerstören!

Sei wachsam!

In diesem Buch werde ich herausstellen, wer diese Dämonen sind, was sie vorhaben und wie man Autorität über sie ausübt.

Alle Punkte, die ich ansprechen werde, basieren auf der Autorität von Gottes Wort - der Bibel - und auf meinen persönlichen Er-fahrungen, die die in der Schrift enthaltenen Wahrheiten bestätigen.

Wenn wir das Thema „Dämonen" beendet haben werden, wirst du dir - das ist meine Absicht - über deine Stellung in Gott und Seiner Kraft in dir so bewußt sein, daß jeder Dämon auf einen mächtigen Kämpfer trifft, wenn er dir begegnet. Vielleicht bist du ein nettes, junges Mädchen, von dem jeder denkt, du seist ja so weiblich und sanft - und nicht im geringsten kriegerisch. Doch auch du kannst durch das Blut und die Kraft Jesu Christi im Sieg über alle Mächte der Finsternis leben. Mag sein, du bist ein Geschäftsmann, du gehst jeden Tag im Anzug zur Arbeit und sitzt am Schreibtisch. Ich möchte, daß du an den Punkt gelangst, an dem du das Wirken von Dämonen im Leben deiner Mitarbeiter oder deiner Kunden erkennst und dagegen angehst, um sie für immer freizumachen.

Es gibt nur wenige Dinge auf dieser Welt, die trauriger oder mitleiderregender sind, als jemand, der von einem in ihm wohnenden Dämon gefangengehalten wird. Ein solcher Mensch geht völlig verwirrt durchs Leben und weiß nicht, warum er Dinge tut, die er eigentlich gar nicht tun will. Dabei erkennt er nicht, daß die Ursache dafür, ein oder mehrere Dämonen sind, die sich in ihm eingenistet haben und ihm gewisse Verhaltensweisen aufzwingen. Oder es kann sein, daß sich der Betroffene der sich in ihm befindlichen Dämonen sehr wohl bewußt ist - er mag Stimmen hören oder anderen merkwürdigen Phänomenen ausgesetzt sein - , aber nicht weiß, wie er sich ihrer entledigen kann. Er weiß ja nicht, daß die Kraft des Herrn ihn freisetzen kann.

Wie ich bereits erwähnt habe, sind Dämonen in der heutigen Gesellschaft eifrig am Werk, und wenn du sie ignorierst, gibst du ihnen freie Hand, alles zu tun, was sie möchten. In Luk. 4, 18 wird erklärt, daß der Dienst Jesu auf der Erde beinhaltete, *„Gefangenen Befreiung auszurufen"*. Da wir den Auftrag haben, Ihm nachzufolgen, müssen auch wir uns der Aufgabe widmen, Befreiung zu verkünden und diejenigen freizusetzen, die von Luzifer und seiner höllischen Armee in Gebundenheit gehalten werden.

Ich erwarte nicht, daß du ständig nach Dämonen *Ausschau hälst*, doch du solltest in der Lage sein, unmittelbar, kraftvoll und korrekt mit ihnen umzugehen, wenn du auf sie triffst. Und wie gesagt, wenn du dein Bestes tust, für Jesus Christus zu leben, dann *wirst* du früher oder später mit ihnen konfrontiert werden. Ich spreche aus Erfahrung!

Dämonen in der Gemeinde

Ich werde beispielsweise eine Abendveranstaltung in St. Louis niemals vergessen. Als ich damals anfing zu predigen, dachte ich nicht im entferntesten an Dämonen. Meine Absicht war, über die Herrlichkeit des Himmels zu sprechen - eine schöne, positive Botschaft also!

Doch als ich etwa bei der zweiten Hälfte meiner Predigt angelangt war, sprach der Geist Gottes zu mir: „Ich möchte, daß du heute Abend Teufel austreibst!"

Wie bitte? Ich war eingeladen worden, um über den Himmel zu predigen. Ich war mir nicht sicher, wie meine Gastgeber darauf reagieren würden, wenn ich plötzlich eine derartige Kehrtwendung machen und mich stattdessen mit der Hölle befassen würde. Aber wenn Gott mir eine Anweisung gibt, höre ich darauf und folge ihr. Wenn Gott also wollte, daß ich Dämonen austrieb... und ich war mir völlig sicher, daß Er es wollte... , dann würde ich eben Teufel austreiben.

Nun, die Ursache für Gottes Vorgangsweise wurde bald offensichtlich: Es befanden sich einfach zu viele Dämonen im Saal. Hunderte von Besucher waren anwesend, und es hatte den Anschein, als ob die meisten von ihnen in Begleitung ihrer persönlichen Schar von Dämonen gekommen waren. Ich habe nie wieder eine Veranstaltung wie diese erlebt.

Plötzlich schien es, als ob ein Wind durch den Raum fegte, und im selben Augenblick reagierten Menschen überall im Raum auf dramatische Weise. Manche schrien und kreischten, manche schluchzten, andere fielen zu Boden und wälzten sich hin und her, und manche krochen wie Schlangen auf dem Fußboden entlang.

Inmitten dieses Durcheinanders fiel meine Aufmerksamkeit auf einen großen, kräftigen Mann, der ganz hinten im Saal stand. Sein haßerfüllter Blick war unablässig auf mich gerichtet. Obwohl er kein Wort sagte wußte ich, was er dachte: *Ich werde dich töten!*

Und dann rannte er den Mittelgang entlang direkt auf mich zu.

Es waren zwar einige Saalordner anwesend, doch keiner von ihnen wollte sich diesem riesigen, dämonenbesessenen Kerl in den Weg stellen, der wie ein Verrückter durch den Saal rannte und jeden umbringen würde, der versuchen sollte, ihn aufzuhalten. Er mußte eine nicht geringe Strecke zurücklegen, doch als er sich der Bühne näherte, kam es unter den Ordnern zu einem Gedränge, da ihm jeder von ihnen so schnell wie möglich ausweichen wollte!

Ich stand nur da, beobachtete ihn und wartete auf den Zusammenprall.

Hinter mir auf der Bühne befand sich noch ein weiterer Prediger, der ebenfalls an diesem Abend eingeladen worden war. Er war körperlich nicht gerade in bester Verfassung, denn er litt beträchtlich an Übergewicht. Doch er rannte von hinten an mir vorbei, sprang von der Bühne (dazu mußte er über 1.80 m tief springen - er schaffte es aufzukommen, ohne zu stolpern!) direkt vor die Füße dieses Mannes, der auf mich zusteuerte. Es war mir gleichgültig, wie groß der dämonenbesessene Mann war oder wieviele Dämonen er in sich hatte - ich wußte, daß er dem übergewichtigen Prediger, der die Kraft Gottes in sich hatte, in keinem Fall gewachsen sein würde. Und so war es auch!

Der Prediger klammerte sich derart an dem großen Mann fest, daß man denken konnte, er wäre ein „lineman" bei den „Dallas Cowboys".

Bumm! Der Mann ging zu Boden, während er ununterbrochen fluchte, knurrte und schimpfte. Wenige Minuten später waren einige Ordner aus ihrem Versteck hervorgekrochen, um zu helfen. Gemeinsam packten sie den Mann, richteten ihn auf und stellten ihn mit dem Rücken gegen die Wand, damit sie ihm dienen konnten. Die ganze Zeit über trieben sie die Dämonen aus ihm aus. Man konnte hören, wie er schrie und drohte, jeden im Raum umzu-bringen.

Als sie ihn freigesetzt hatten, hatte der Mann eine riesige Beule, weil er seinen Kopf gegen die Wand - aus Stahl - geschlagen hatte! Derartige Dinge können Dämonen einem Menschen antun.

Dämonen auf dem Dach

Als ich noch in Tulsa (Oklahoma) wohnte, rief mich eines Tages eine Frau an, die kurz davor war, in Hysterie auszubrechen. Ihr 14jähriger Sohn war völlig außer Kontrolle geraten. Er war ge-walttätig geworden, hatte seine Mutter geschlagen und sie in eine Ecke geschleudert. Und als sein Vater ihn bändigen wollte, warf er auch seinen Vater zu Boden und schlug auf ihn ein.

Der Vater, von dem hier die Rede ist, war bei weitem kein Schwächling. Er war über 1.80 m groß und kräftig genug, um seinen Sohn in einem fairen Kampf überwältigen zu können. Doch in diesem speziellen Fall hatte er keine Chance gegen seinen Sohn, der auch nicht annähernd so groß oder so stark war wie er. Doch aufgrund von Dämonen, die ihn in Besitz genommen hatten, verfügte er über übernatürliche Kraft.

Als ich das Haus des Ehepaares erreicht hatte, erzählten sie mir, daß sich ihr Sohn schon seit einiger Zeit sehr merkwürdig verhielt. Und anhand der zahlreichen Löcher in der Wand und der zerschmissenen Lampen und zerbrochenen Möbelstücke konnte ich leicht erkennen, daß sie die Wahrheit sagten.

Doch dieser Anfall war der schlimmste, den der Junge bisher gehabt hatte, und die Mutter saß noch immer zitternd vor Angst in der Küche und weinte.

In dem Augenblick, als ich die Küche betrat, spürte ich, wie die Autorität Gottes auf mich kam - vom Kopf bis zu den Zehenspitzen war ich davon erfüllt! Ich hatte das Gefühl, selbst mein kleiner Zeh besäße Vollmacht, und ich wußte, daß keine Macht der Erde mir standhalten konnte.

„Wo ist er?" fragte ich sie.

„Er ist auf dem Dach."

Nun, genau dort befand er sich. Er saß auf dem Dach mit einem Kanister Benzin in der einen und einer Streichholzschachtel in der anderen Hand. Er schüttete das Benzin über das ganze Dach und drohte, das Haus in Brand zu stecken.

„Was machst du dort oben?" fragte ich ihn.

„Ich werde das Haus anzünden", antwortete er.

„Tatsächlich?" Ich schaute ihn einen Moment lang an, und dann sagte ich: „Du wirst nichts dergleichen tun. Du wirst von dort oben herunterkommen!"

Er starrte mich nur wütend an. „Ich werde nicht herunterkommen!"

„Wenn du nicht augenblicklich herunterkommst, werde ich zu dir hinaufsteigen und dir eine Tracht Prügel verpassen!"

„Das wirst du nicht wagen."

Haßerfüllt und herausfordernd schleuderte er mir diese Worte entgegen.

An dieser Stelle sollte ich vielleicht erwähnen, daß sich diese Begebenheit an einem Sonntagmorgen zutrug und ich meinen Lieblingsanzug trug. In jenem Augenblick war dieser Umstand jedoch bedeutungslos. Ich stieg auf das Dach hinauf, um den Jungen zu holen. Genau das tat ich!

Als ich jedoch oben ankam, kletterte der Junge blitzschnell wieder hinunter, rannte in sein Zimmer und schloß die Tür hinter sich ab. Ich folgte ihm so schnell ich konnte, und als ich ihn schließlich in seinem Zimmer vorfand, lag er in embryonaler Position auf seinem Bett und wimmerte und stöhnte mit seltsamer, leiser Stimme.

Da er sich nicht umdrehte, um mich anzuschauen, ergriff ich ihn und legte ihn auf den Fußboden. Hier änderte er seine Stellung in eine Position, die ich nur so deuten konnte, als ob er an ein Kreuz genagelt wäre. Dabei schrie und stöhnte er, als ob ich ihn umbringen würde.

Dabei betete ich lediglich für ihn. Ich legte ihm die Hände auf und machte Gebrauch von der Kraft des Namens Jesu und den Waffen der geistlichen Kriegsführung. Im Verlauf des Gebets fing er an zu knurren. Er gab tiefe, kehlige Laute von sich wie ein Hund, der im Begriff war anzugreifen. Doch ich ließ trotzdem nicht von ihm ab. Ich hörte nicht auf, für ihn zu beten.

Ich betete noch etwa eine Stunde, so intensiv ich konnte, für ihn, während ich ihn die ganze Zeit festhielt. Ich konnte ihn nicht dazu bringen, mich anzuschauen. Und wenn ich sein Gesicht in meine Richtung drehte, um seine Aufmerksamkeit zu bekommen, schloß er seine Augen jedesmal ganz fest. Doch ich war nicht bereit, aufzugeben.

Es war ein Kampf, doch durch die Kraft des Herrn gelang es mir, den Dämon aus ihm auszutreiben. Nachdem mir dies gelungen war, mußte ich mich jedoch noch um das Fleisch kümmern. Du mußt verstehen, daß ein Dämon Zutritt zum Leben eines Menschen bekommen kann, wenn die betreffende Person einen Mangel hat und dadurch ein unbändiges Verlangen entwickelt, eben dieses unbefriedigte Bedürfnis zu stillen. Der böse Geist wird an dieser Stelle einspringen, diesen Mangel aufgreifen und ihn auf eine perverse Weise ausfüllen. In diesem Fall verhielt es sich so, daß der Junge sich im Grunde seines Herzens nach der Zuwendung und Liebe seiner Eltern sehnte.

Nachdem also der Dämon ausgetrieben war, hatte ich immer noch die Aufgabe, das fleischliche Verhaltensmuster in diesem bestimmten Bereich zu brechen, damit er ein normaler Sohn sein konnte. Außerdem betete ich für die Eltern, daß sie fähig sein würden, sich angemessen um ihren Sohn zu kümmern und ihm ihre Liebe offen zu zeigen.

Einige Wochen später kam der junge Mann während meiner Predigt zur Gemeinde, setzte sich - seine Bibel auf dem Schoß - in die zweite Reihe und machte sich eifrig Notizen. Soweit ich weiß, ist er seit damals ein beispielhafter Bürger. Der Wandel, der sich zwischen unseren beiden Begegnungen an dem Jungen vollzogen hat, ist ein Unterschied wie Tag und Nacht.

Es ist wirklich erstaunlich, was satanische Gewalt einem Menschen antun kann, doch noch verblüffender ist, wie die Kraft Gottes ein menschliches Leben verändern kann.

Der großartige Prediger Lester Sumrall erzählt von einem Vorfall, der sich während eines Einsatzes auf den Philippinen zugetragen hat.

Zufällig hörte Lester im Radio, daß dringend jemand gesucht wurde, der einem jungen Mädchen helfen konnte, das sich in einer verzweifelten Lage befand. Der Moderator machte keine detaillierten Angaben darüber, welches Problem das Mädchen hatte, doch die Angst und der alarmierende Unterton in seiner Stimme signalisierte, daß es sich um etwas Furchtbares handeln mußte. Und im Hintergrund konnte Lester Sumrall das Mädchen auf eine Weise schreien hören, die darauf schließen ließ, daß es von Dämonen attackiert wurde.

Während er ihr jämmerliches Wimmern hörte, sprach der Herr zu ihm: „Geh und treibe den Teufel aus ihr aus!"

Das war ein Auftrag, der nicht sofort Lesters Zustimmung fand, und dies teilte er dem Herrn unverblümt mit: „Bitte, Herr... kann nicht jemand anderes sie von dem Dämon befreien?"

Die Antwort, die nun folgte, war nicht verurteilend, aber bestimmt.

„Du bist der einzige in dieser Gegend, der weiß, wie man mit einer solchen Situation umgeht. Also tu, was ich dir gesagt habe!"

Wenn Gott auf diese Weise zu dir spricht, bleibt dir nichts anderes übrig, als zu gehorchen. Deshalb machte sich Bruder Sumrall auf den Weg zu dem Mädchen, um die Anweisung des Herrn zu befolgen. Allen Anschein nach befand sich die junge Frau in einem philippinischen Gefängnis. Sie war eine drogensüchtige Prostituierte, und nur der Herr weiß, was sie sonst noch angestellt hatte. Sie hatte sich allen möglichen teuflischen Einflüssen geöffnet, und es war leicht nachvollziehbar, wie es den Dämonen gelungen war, sich Zugang zu ihrem Leben zu verschaffen.

Als Bruder Sumrall das Gefängnis erreicht hatte, fand er dort ein junges Mädchen vor, das sich in Qualen wand, japste und nach Atem rang. Und das Erstaunlichste an der ganzen Situation war, daß sich an verschiedenen Stellen auf ihrer Haut plötzlich Bißwunden abzeichneten. Irgendein unsichtbares Monster griff das Mädchen an und verletzte es mit seinen Zähnen, und bei jeder neuen Attacke schrie die junge Frau vor Schmerzen auf und schlug in die Luft, als ob sie jemand von sich wegstoßen wollte. Dabei kreischte sie: „Sie beißen mich wieder!"

Das Mädchen war umringt von Reportern, Ärzten, Medizinmännern und Priestern, die versuchten, ihr zu helfen. Doch jeder einzelne von ihnen war angesichts dieses Terrors völlig überfordert und ratlos. Einer der Reporter berichtete Lester Sumrall, daß die junge Frau vor einigen Tagen zwei ihrer „Feinde" verflucht hatte, die daraufhin am nächsten Tag auf unerklärliche Weise verstorben waren. Es war also nicht verwunderlich, daß all die Anwesenden, die diese tragische Angelegenheit beobachteten, große Angst hatten!

Es war nicht einfach, das Mädchen freizusetzen. Bruder Sumrall trieb in der Kraft des Herrn Jesus Christus alle Dämonen aus ihr aus. Doch aufgrund ihres Lebensstils und ihrer ablehnenden Haltung, ihr Leben Jesus anzuvertrauen, kehrten die Dämonen immer wieder zu ihr zurück, obwohl sie bereits von ihnen befreit worden war. Drei aufeinander folgende Tage lang mußte Lester Sumrall sie aufsuchen, für sie beten, sie zu einem Sündenbekenntnis bewegen und die Dämonen erneut aus ihr austreiben.

An dem Tag, als es ihm schließlich gelang, sie endgültig von den bösen Geistern zu befreien, waren alle um sie herum niedergekniet und sangen „Oh, das Blut von Jesus"! Nun war das Mädchen frei. Sie konnte das Gefängnis verlassen und ein glückliches, christliches Leben führen. Nun, du kannst dasselbe tun wie Lester Sumrall! *Wenn* du Jesus Christus angehörst, hast du dieselbe Kraft in dir, die er während dieser Begebenheit auf den Philippinen in sich hatte. Ganz gleich, auf welche Weise sich die Dämonen manifestieren, du kannst sie durch die Kraft und das Blut Jesu besiegen!

Scharen von Dämonen

Bevor wir darauf eingehen, was Dämonen sind und woher sie kommen, will ich noch von einem weiteren Beispiel berichten, das ich einer weltlichen Informationsquelle entnommen habe - der *Time Magazin*-Ausgabe vom 25. Oktober 1982. Der betreffende Artikel mit der Schlagzeile „Die 27 Gesichter des Charles" berichtet von einem 29jährigen Mann, der in völlig verwirrtem und abwesenden Zustand am Strand in der Nähe von Daytona Beach in Florida auf-gegriffen worden war.

Die Sanitäter, die ihn fanden, gingen davon aus, es mit einem Behinderten zu tun zu haben, deshalb brachten sie ihn ins nächstgelegene Krankenhaus. Dort versetzte der junge Mann die Ärzte durch die Tatsache in Erstaunen, daß er mit zwei verschiedenen Stimmen zu ihnen sprach. Die erste Stimme war die eines verängstigten kleinen Jungen, der behauptete, er sei mißbraucht worden. Die zweite war die eines intelligenten, redegewandten Erwachsenen.

Der junge Mann wurde zur Beobachtung im Krankenhaus behalten, wo bald noch andere „Persönlichkeiten" durch ihn in Erscheinung traten. Manchmal fing er plötzlich an zu knurren, zu schreien und laut zu fluchen. Dr. Graham, der als „der" Psychiater des Kranken-hauses gilt, berichtete von über 200 Unterhaltungen mit dem jungen Mann, in deren Verlauf insgesamt 29 verschiedene Wesen durch ihn gesprochen hatten.

Unter ihnen befand sich ein junger Mann namens Mark, ein anderer namens Dwight, ein blinder Stummer mit Namen Jeffrey, ein arroganter Mann, der sich als Michael vorstellte, eine Frau namens Tina, eine weitere Frau, die sich als Lesbierin bezeichnete, und ein religiöser „Mystiker", der häufig Begriffe aus dem Bereich der *New-Age*-Philosophie verwendete. All diese verschiedenen Persönlichkeiten gerieten oftmals aneinander, bekämpften sich gegenseitig, und eine Person namens T.K., die besonders aggressiv war, fügte ihrem „Gastgeber" sogar gelegentlich körperlichen Schaden zu.

Anhand dieser Begebenheit kannst du erkennen, daß Dämonen wirklich verrückt sind. Sie sind so haßerfüllt und zornig, daß sie mit nichts und niemandem zurechtkommen, nicht einmal mit ihresgleichen! Nur in ihrem Haß gegen Gott, ihrer Furcht und ihrer Abscheu vor dem Blut Jesu und ihrem brennenden Verlangen, die menschliche Rasse zu zerstören, sind sie sich einig.

Natürlich hätten die Ärzte, die den jungen Mann mit den 29 verschiedenen Persönlichkeiten behandelt haben, niemals die Diagnose gestellt, daß er von bösen Geistern besessen war. Sie hätten so etwas nicht sagen können, weil sie nicht an die Existenz von Dämonen glauben. Stattdessen versuchten sie seinen Zustand zu erklären, in dem sie Diagnosen stellten wie „gespaltene Persönlichkeit" oder „Funktionsstörung des Gehirns". Das ist traurig, denn der wahre Sachverhalt im Fall dieses jungen Mannes war schlicht und einfach: Er hatte bestimmten Dämonen Zutritt in sein Leben gewährt, die ihn nun zu zerstören versuchten. Was er brauchte, war nicht eine Gruppe von Ärzten, die ihn analysierten oder ihn baten, sich auf eine Couch zu legen und von seiner Kindheit zu berichten. Er mußte vielmehr durch einen von neuem geborenen, geisterfüllten Gläubigen mit dem Blut Jesu in Kontakt gebracht werden!

Ich habe dich bereits gefragt, ob du an Geister, Spukhäuser und ähnliches glaubst. Nun möchte ich dir eine weitere Frage stellen: „Glaubst du an die Existenz von Dämonen?" Du solltest es besser tun, denn sie sind ebenso real wie du und ich. Jedesmal, wenn du einen Bericht über ein Spukhaus oder die Manifestation von Geistern hörst, kannst du sicher sein, daß Dämonen im Spiel sind.

Den Menschen in der heutigen Welt ist das unbegreiflich. Sie reden lieber von Persönlichkeitsspaltung, Parapsychologie oder irdischen Geistern. Und deshalb kann die Welt so leicht betrogen und hinters Licht geführt werden.

Auf unserem Planeten findet ein unerbittlicher Kampf statt. Und - ob du dir darüber im klaren bist oder nicht - du stehst entweder auf der einen oder auf der anderen Seite. Entweder kämpfst du *für* Gott oder *gegen* Ihn.

Die Wahrheit ist, daß alle menschlichen Wesen, die auf der Erde leben, angegriffen werden. Ist es da nicht höchste Zeit, daß du zurückschlägst?

Lieber Leser!

Bei dem vorliegenden Buch „Spukhäuser, Geister und Dämonen" hat uns unsere Software einen Streich gespielt und die Zeilen- sowie Seitenumbrüche selbständig verschoben. Leider wurde dies erst festgestellt, als wir das fertige Buch in Händen hielten und keine Korrektur mehr möglich war. Wir bitten Sie, dies zu entschuldigen und danken Ihnen für Ihr Verständnis.

Ihr Adullam-Team

2
Der Verlust der Herrlichkeit

Wir haben bereits festgestellt, daß Dämonen existieren und daß sie alles daran setzen, die Menschheit zu zerstören.

Doch woher kommen sie? Wer hat sie geschaffen? Und wer ist ihr Anführer?

Um diese Fragen zu beantworten, müssen wir weit zurück in die Vergangenheit gehen - zurück in die Zeit, in der die menschliche Rasse noch nicht erschaffen war und Gott unseren Planeten Erde noch nicht in Existenz gesprochen hatte.

Lange vor dieser Zeit - und wir wissen nicht, wann sich dies zugetragen hat - hat Gott herrliche Wesen erschaffen, die Er Engel nannte.

Die Ranghöchsten unter ihnen waren die Erzengel wie Gabriel, Michael und eine weitere mächtige, prachtvolle Kreatur namens Luzifer.

Niemand weiß es genau, doch manche vermuten, daß Luzifer der gewaltigste aller Erzengel gewesen war. Abgesehen davon, ob diese Spekulation den Tatsachen entspricht oder nicht, ist uns bekannt, daß er ein äußerst intelligentes, schönes und stolzes Geschöpf gewesen sein mußte. Er muß von den anderen Engeln sehr bewundert und geschätzt worden sein, und eben diese Achtung, die ihm entgegengebracht wurde, stieg ihm schließlich zu Kopf.

Er wurde so überheblich, daß er den Schluß zog, er sei zum Beherrscher des Universums besser geeignet als Gott selbst. Und allem Anschein nach sympathisierte ein Teil der Engel mit seiner Gesinnung. Vermutlich hat Luzifer ihnen erzählt, was er tun würde und wie er ihr Leben verbessern würde, wenn er an der Macht wäre. Dadurch entzündete er einen Funken, durch den schließlich eine lodernde Rebellion unter den Engeln entbrannte.

Wie diese Engel jemals ernsthaft daran glauben konnten, sie könnten Gott von Seinem Thron stoßen, geht über meinen Verstand. Im Grunde ihres Herzens mußten sie gewußt haben, daß es unmöglich war, Ihn zu besiegen. Ich verstehe nicht, wie sie überhaupt gegen Gott rebellieren konnten, obwohl sie Tag für Tag in Seiner unmittelbaren Nähe verbrachten. Sie waren nicht nur Augenzeugen Seiner erstaunlichen Macht, sondern auch Seiner überströmenden Liebe zu Seiner Schöpfung. Ihre Tat ist ein deutlicher Beweis dafür, welch eine zerstörerische Kraft Stolz sein kann.

Wir können einigen Schriftstellen entnehmen, daß sich ein Drittel der Engel an Luzifers Aufstand beteiligte. In dem daraus resul-tierenden Kampf, dessen Schlachtfeld das gesamte Universum war, wurden sie geschlagen und für alle Ewigkeit aus dem Himmel ver-bannt. Und eben diese gefallenen Engel sind die Wesen, die uns heute als „Dämonen" oder „Teufel" bekannt sind. Wir stellen uns manchmal vor, daß Dämonen scheußliche Kreaturen sind mit fratzenhaften Gesichtern, Fledermausflügeln und Hörnern auf dem Kopf. Doch dieses Bild entspricht kaum der Wahrheit. Wie ich be-reits erwähnt habe, war Luzifer ein wunderschönes und mächtiges Geschöpf.

Es ist nicht verwunderlich, daß die Bibel berichtet, Luzifer sei fähig, sich in einen Engel des Lichts zu verwandeln. Allein sein Name spricht für diese Tatsache, denn Luzifer bedeutet „Lichtträger". Wenn er ein häßliches und furchterregendes Äußeres hätte, würde sich wohl kaum jemand von ihm verführen lassen. Doch er ist wie die Sünde: Er zieht dich durch seine Schönheit an, bis du nahe genug an ihn herangekommen bist, und dann läßt er die Falle zu-schnappen.

Als Luzifer und seine Nachfolger aus dem Himmel vertrieben worden waren, war ihr ewiges Schicksal besiegelt. Und die Auf-erstehung Christi nach Seiner Kreuzigung war der letzte Nagel, der in Luzifers Sarg geschlagen wurde. Doch aus bestimmten Gründen hat Gott Luzifer und seine Heerscharen der Finsternis noch nicht zerstört. Und deshalb führen diese - obwohl sie wissen, daß sie be-siegt worden sind - ihre Rebellion fort und setzen alles daran, sich Gott und Seinem Volk in den Weg zu stellen. Luzifer selbst ist in solchem Maß von seiner eigenen Macht geblendet, daß er immer noch daran glaubt, er könne dem allmächtigen Gott die Herrschaft über das Universum entreißen. Wenn wir die Welt um uns herum betrachten hat es den Anschein, daß er tatsächlich stolz darauf sein kann, was er auf diesem Planeten vollbracht hat. Doch was ihm auch hier gelungen sein mag, war ihm nur deshalb möglich, weil seine endgültige Zerstörung noch nicht vollzogen worden ist - sie rückt jedoch mit jedem Tag näher, wie ich bereits in Kapitel 1 fest-gestellt habe.

Wenn wir Hesekiel, Kap. 28 lesen, können wir uns ein Bild vom Wesen Luzifers und seiner Rebellion gegen den Herrn machen:

Hes. 28, 13 - 17
„...du warst in Eden, dem Garten Gottes; aus Edelsteinen jeder (Art) war deine Decke: Karneol, Topas und Jaspis, Türkis, Onyx und Jade, Saphir, Rubin und Smaragd; und Arbeit in Gold waren deine Ohrringe und deine Perlen an dir; am Tag, als du geschaffen wurdest, wurden sie bereitet. Du warst ein mit ausgebreiteten (Flügeln) schirmender Cherub, und ich hatte dich (dazu) gemacht; du warst auf Gottes hei-ligem Berg, mitten unter feurigen Steinen gingst du einher. Voll-kommen warst du in deinen Wegen von dem Tag an, als du ge-schaffen wurdest, bis sich Unrecht an dir fand. Durch die Menge deines Handels fülltest du dein Inneres mit Gewalttat und sündigtest. Und ich verstieß dich vom Berg Gottes und trieb dich ins Verderben, du schirmender Cherub, aus der Mitte der feurigen Steine. Dein Herz wollte hoch hinaus wegen deiner Schönheit, du hast deine Weisheit zunichte gemacht um deines Glanzes willen. Ich habe dich zu Boden geworfen, habe dich vor Königen dahingegeben, damit sie ihre Lust an dir sehen"

Anhand dieser Beschreibung wird deutlich, daß Luzifer ein nahezu vollkommenes Geschöpf gewesen sein muß. Doch in ihm faßte der Gedanke Fuß, daß er seine Macht und Schönheit sich selbst zuzu-schreiben hatte. Doch er hatte damit nicht das Geringste zu tun. Gott hatte sie ihm gegeben! Um es einmal in heutigen Begriffen auszudrücken könnte man sagen, daß Luzifer den Schlagzeilen ge-glaubt hat, die in der Presse über ihn erschienen sind. Und es ist sehr gefährlich, wenn du dich von den Lobreden beeindrucken läßt, die andere über dich halten.

Auch in Jesaja, Kap. 14 wird uns ein umfassender Eindruck von Luzifer vermittelt:

Jesaja 14, 12-15
„Wie bist du vom Himmel gefallen, du Glanzstern, Sohn der Morgen-röte! (Wie bist du) zu Boden geschmettert, Überwältiger der Nationen! Und du, du sagtest in deinem Herzen: >>Zum Himmel will ich hinaufsteigen, hoch über den Sternen Gottes meinen Thron auf-richten und mich niedersetzen auf dem Versammlungsberg im äußersten Norden. Ich will hinaufsteigen auf Wolkenhöhen, dem Höchsten mich

gleich machen.<< - Doch in den Scheol wirst du hinab-gestürzt, in die tiefste Grube."

Gott erschuf die Engel als selbständige Persönlichkeiten, die denken, fühlen und eigene Entscheidungen treffen können. Mit denselben Attributen stattete Er auch die Menschen aus. Es ist Sein Wunsch, daß wir Ihn *aus freien Stücken* lieben und Ihm dienen - und nicht, weil wir es *müssen*. Wenn die Engel willenlose „Roboter" gewesen wären, wäre Luzifer niemals imstande gewesen, gegen Gott zu rebellieren. Auch Adam und Eva hätten nicht von den verbotenen Früchten im Garten Eden gegessen, wenn Gott ihnen keinen freien Willen gegeben hätte. Doch Gottes Anliegen war in jeden Fall, daß Seine Geschöpfe selbst über ihr Leben und ihre Handlungsweise bestimmen konnten. Und Luzifer machte Gebrauch von dieser Entscheidungsfreiheit, indem er beschloß, gegen Gott zu rebellieren. Du erkennst daran, daß Luzifer sagte, „Ich will...", „Ich will...", von welcher Selbstsucht er erfüllt war. Im Grunde genommen lautete sein Gebet: „Nicht dein Wille, Herr, sondern mein Wille geschehe!"

Luzifer war offensichtlich nicht damit zufrieden, wer er war und wie Gott ihn geschaffen hatte. Deshalb erklärte er: *„Ich will... dem Höchsten mich gleichmachen"* (Jes. 14, 14). Auch in der heutigen Zeit sind viele Menschen nicht damit zufrieden, wie Gott sie geschaffen hat. Es gibt Männer, die keine Männer sein wollen und sich deshalb durch eine operative Geschlechtsumwandlung zur Frau umformen lassen (obwohl sie danach nicht wirklich eine Frau sind, sondern nur ein verstümmelter Mann). Und dann sind da Frauen, die lieber ein Mann sein möchten, Schwarze, die weiß sein möchten, und Weiße, die eine dunkle Hautfarbe bevorzugen würden. Es gibt alle möglichen Gruppen von Menschen, die todunglücklich über den Zustand ihrer eigenen Persönlichkeit sind. Eine derartige Unzufriedenheit führt letztendlich dazu, daß die Betroffenen gegen Gott rebellieren. Sie erheben erbost die Faust gegen Gott und sagen: „Ich hätte es besser gemacht als du!" Doch sie irren sich!

Wir wollen uns noch einen Vers in Offb. 12, anschauen, um weitere biblische Informationen über Luzifers Verlust der Gnade zu erfahren:

Offb. 12, 4
„...und sein (Luzifers) Schwanz zieht den dritten Teil der Sterne des Himmels fort; und er warf sie auf die Erde. Und der Drache stand vor

der Frau, die im Begriff war, zu gebären, um, wenn sie geboren hätte, ihr Kind zu verschlingen."

Der Drache, von dem in diesem Vers die Rede ist, ist natürlich Luzifer, der mit allen Mitteln versucht, das Christuskind sofort nach seiner Geburt zu vernichten. Erinnerst du dich an die Anordnung des Herodes, jedes Kind unter zwei Jahren zu töten?

Wir wollen im Buch der Offenbarung noch einige Verse weiterlesen:

Offb. 12, 7-9
„Und es entstand ein Kampf im Himmel: Michael und seine Engel kämpften mit dem Drachen. Und der Drache kämpfte und seine Engel; und sie bekamen nicht die Übermacht, und ihre Stätte wurde nicht mehr im Himmel gefunden. Und es wurde geworfen der große Drache, die alte Schlange, der Teufel und Satan genannt wird, der den ganzen Erdkreis verführt, geworfen wurde er auf die Erde, und seine Engel wurden mit ihm geworfen."

Der große Betrüger

Ich bin mir sicher, daß die meisten von uns die Geschichte von Adam und Eva kennen, die wegen ihres Ungehorsams gegenüber Gott im Garten Eden aus der Gnade fielen. Falls du noch nie von dieser Begebenheit gehört hast, nimm deine Bibel zur Hand und lies das 3. Kapitel im 1. Buch Mose! Was geschah, war folgendes: Satan gebrauchte eine sprechende Schlange, um die Menschheit zur Sünde zu verführen. Und nachdem ihm dies gelungen war, schleuste er Krankheiten, Seuchen und alle möglichen anderen widerlichen Dinge in die vollkommene Welt ein, die Gott ur-sprünglich geschaffen hatte. So verlief die erste Begegnung zwischen Luzifer und der menschlichen Rasse. Obwohl dieses Er-eignis schon etliche tausend Jahre zurückliegt, verwendet Luzifer immer noch dieselben alten Tricks - er setzt nach wie vor alles daran, dich und mich von Gott abzuziehen.

Und wenn ihm dies nicht gelingt, indem er uns durch Lügen und be-gehrenswert erscheinende Sünden verführt, wird er versuchen, die Kontrolle über unseren Körper und unsere Seele zu erlangen, um uns auf diese Weise zu beherrschen.

Das größte Verlangen eines Dämons ist, sich Zugang zur Seele, zum Geist und zum Körper eines menschlichen Wesens zu ver-schaffen und sich dort einzunisten. Einen solchen Sieg über eine Person zu erringen, die in Gottes Ebenbild geschaffen wurde (1. Mose, 1, 26-27), ist für eine Kreatur der Hölle ein unsagbares Vergnügen.

Bitte vergiß nicht, daß es nicht sehr sinnvoll ist, zu viele Gedanken an Luzifer und seine dämonischen Heerscharen zu verschwenden. Wir wollen ihm weder zuviel Beachtung schenken noch unsere Aufmerksamkeit auf ihn richten, sondern unseren Blick auf Gott, Sein Wort und Seine Herrlichkeit gerichtet halten. Doch gleichzeitig ist es hilfreich, daß wir uns so gut wie möglich über Luzifer informieren, damit wir seine Angriffe abwehren können - damit wir ihn überlisten können! Und die beste Art und Weise, etwas über ihn zu erfahren ist, die Bibel zu studieren und einige der Namen unter die Lupe zu nehmen, die Luzifer dort gegeben werden.

Satan hat viele Namen

Zunächst wird Luzifer in Eph. 2, 2 als **„Fürst der Macht der Luft"** bezeichnet.

Laut den Briefen des Paulus existieren drei Himmel. Der erste umfaßt die Erdatmosphäre, der zweite Himmel wird auch als die Welt des Geistes bezeichnet, in der sich die geistlichen Wesen befinden. Und schließlich versteht man unter dem dritten Himmel, den Ort, an den alle Christen eines Tages heimkehren werden. Der Herrschaftsbereich Luzifers ist der zweite Himmel, der Bereich des Geistes - dort regiert er mit seinen Fürsten. Aus diesem Grund wird er der „Fürst der Macht der Luft" genannt.

Der zweite Name Luzifers ist **„Weltbeherrscher der Finsternis"**.

Diesen Namen finden wir in Eph. 6, 12. Es leuchtet ein, daß Luzifer die Dunkelheit bevorzugt, denn im Finstern kann er seine bösen Taten verborgen halten. Es entspricht nicht seiner Natur, sich dem Licht auszusetzen, denn dadurch würde offenbar werden, wer und wie er wirklich ist. Deshalb bleibt er stets in der Schattenwelt, wo er unter dem Deckmantel der Nacht seine Übeltaten ausführen kann.

Unbekannte Sünden stellen einen Bereich dar, der noch im Dunkeln liegt, und deshalb fühlen sich Dämonen von dieser Finsternis angezogen. Seelische Wunden und Verletzungen, die nicht auf göttliche Weise geheilt worden sind, die nicht mit dem Balsam der Vergebung behandelt wurden, sind ebenfalls ein düsterer Bereich, der Luzifer und seine Gefolgschaft anlockt.

Wenn du stark sein willst, mußt du im Licht leben - im Licht von Gottes Wort und im Licht des Gehorsams gegenüber Gott. Da Luzifer und seine Anhänger das Licht scheuen, werden sie vor dir fliehen.

Wie lautet sein dritter Name? **„Fürst dieser Welt"**.

Bibelstellen, in denen Luzifer so bezeichnet wird, findest du in Joh. 12, 31 und Joh. 16, 11. Diesen Titel erhielt er, als er Adam und Eva dazu verführte, sich von Gott abzuwenden. Und diesen Namen wird er bis zu dem Zeitpunkt behalten, an dem er schließlich in den Feuersee geworfen und für immer und ewig verbannt werden wird.

Wenn Jesus Christus zurückkehrt, um Seine Herrschaft anzutreten, wird Er Seinen rechtmäßigen Platz als König und Regent dieser Welt einnehmen. Doch bis zu diesem glorreichen Tag hat Luzifer noch einen viel zu umfangreichen Anspruch auf unserer Erde, wie man anhand der Nachrichten in den Medien feststellen kann.

„Oberster der Dämonen" ist ein weiterer Titel Luzifers.

Diese Bezeichnung finden wir in Matth. 12, 24, und sie trifft den Nagel auf den Kopf. Findest du es nicht schrecklich, der Anführer einer Meute von Teufeln zu sein? Ich schon! Ich wette, Luzifer muß ständig auf der Hut sein, daß ihm keiner seiner Untergebenen in den Rücken fällt, denn er besitzt keine Freunde. Und man kann sicherlich davon ausgehen, daß jeder einzelne Dämon im Universum denkt, er sei ein besserer Feldherr im Kampf gegen Gott. Luzifer ist ein Rebell und ein Lügner, der von unaufrichtigen Aufständischen umgeben ist, und das muß sehr schwierig sein.

Der fünfte Name lautet **„Gott dieser Welt"**.

Dieser Name, der in 2. Kor. 4, 4 zu finden ist, ähnelt der Bezeichnung „Fürst dieser Welt". Er betont jedoch in noch stärkerem

Maß die Autorität Luzifers auf der Erde. Natürlich ist Luzifer kein Gott, er wünscht sich lediglich, es zu sein. Doch bevor das 1000jährige Reich und mit ihm die himmlische Herrschaft anbricht, haben Luzifer und seine Mitstreiter eine gewisse Kontrolle über diesen Planeten.

Desweiteren wird Luzifer in 2. Kor. 11, 14 auch als **„Engel des Lichts"** bezeichnet.

Wenn es sein muß, enthalten Luzifers Lügen gerade soviel Wahrheit, daß sie plausibel klingen. Er ist ein Meister darin, Unwahrheiten auf eine Weise zu verdrehen und darzustellen, daß sie real und richtig erscheinen. Wie ich bereits gesagt habe, würde Luzifer - wenn er sein wahres Gesicht zeigen würde - kaum eine Anziehungs-kraft auf uns ausüben. Deshalb präsentiert er sich uns, wie er es bereits bei Adam und Eva getan hat, als nettes Wesen des Lichts mit den Worten: „Oh, höre auf mich... Ich weiß, was Gott gesagt hat, aber er hat es nicht so *gemeint*. Was er eigentlich sagen will, ist..." Auf diese Weise lenkt er unsere Schritte auf einen Irrweg, der letzt-endlich zu unserer Zerstörung führt. Doch wenn du Gott kennst und dich auf Sein Wort stellst, wirst du nicht von Luzifer verblendet werden wenn er versucht, dich hinters Licht zu führen.

Falls du dich mit der Lehre der Mormonen befaßt hast weißt du, daß Joseph Smith, der Gründer dieser Gemeinschaft, behauptet, von Engeln des Lichts besucht worden zu sein. Sie offenbarten ihm, wo er die Tafeln finden würde, die später die Grundlage für das Buch Mormon bildeten. Wenn Joseph Smith gewußt hätte, daß Luzifer in der Lage ist, sich in einen Engel des Lichts zu verwandeln, hätte er vermutlich das Buch Mormon niemals verfaßt, und Millionen unschuldiger Menschen wären nicht einer religiösen Irrlehre zum Opfer gefallen, die sie ins Verderben führt!

Sei deshalb wachsam! Obwohl Luzifer der Weltbeherrscher der Finsternis ist, erscheint er häufig als ein Engel des Lichts.

Wir wollen noch einige andere Namen Luzifers betrachten.
„Die Schlange" wird er in 2. Kor. 11, 3 genannt. Es gibt wohl kaum ein Geschöpf, daß listiger oder schlüpfriger ist als dieses Reptil!

In 1. Petr. 5, 8 stoßen wir auf die Bezeichnung **„Widersacher"**

Wir haben mit Luzifer nichts gemeinsam. Von Anbeginn der Zeit war er unser Feind, und er wird es immer bleiben. Vor einigen Jahren erschien ein Hit der Rolling Stones mit dem Titel „Sympathy for the Devil" - „Mitgefühl für den Teufel". Nun, du solltest wirklich kein Mitgefühl für Luzifer empfinden, denn er hat sicherlich kein Mitleid mit dir! Er wird nicht eine Sekunde zögern, wenn sich ihm die Gelegenheit bietet, dich zu zerstören.

Er ist dein Gegner. Und er haßt dich leidenschaftlich.

Sein nächster Name bringt diese Tatsache deutlich zum Ausdruck. In Offb. 12, 10 wird er nämlich **„Verkläger der Brüder"** genannt.

Es ist ihm ein Genuß, mit dem Finger auf dich zu zeigen und deinen himmlischen Vater davon zu überzeugen, wie schlecht du bist, indem er Ihm all deine Sünden unterbreitet. Du kannst ihn dir etwa als boshaften Staatsanwalt vorstellen, der all deine Vergehen aufdeckt und von Gott deine Bestrafung fordert. Aber weißt du was? Wenn du im Blut Jesu gewaschen wurdest, dann sieht Gott in und an dir nichts anderes als die Gerechtigkeit Seines Sohnes!

Und so schimpft und tobt Luzifer, und er beschuldigt dich, Übeltaten begangen zu haben, aufgrund derer du der Todesstrafe würdig wärst. Doch Gott sieht dich nur an und sagt: „Ich weiß nicht, wovon in aller Welt du redest, Luzifer. In meinen Augen ist dieser Mensch völlig unschuldig!"

Preis sei Gott für die Gerechtigkeit, die uns durch den Glauben an Jesus zu eigen geworden ist!

Nur zu, Luzifer, klage mich an, bis du schwarz wirst!

Eine andere Variante der Anklage Luzifers ist, Gerüchte zu verbreiten. Er liebt es, wenn es ihm gelingt, Menschen dazu zu bringen, daß sie über andere reden, sobald diese ihnen den Rücken gekehrt haben und Lügen über einander in die Welt setzen. Mein lieber Freund, du mußt sehr vorsichtig sein, wem du Gehör schenkst und dich davor hüten, an deinen Geschwistern in Christus zu zweifeln. Wenn du eine üble Nachrede über jemanden hörst, dann mache dir stets bewußt, daß es Luzifers *höchste Wonne* ist, deine Brüder und Schwestern zu verklagen.

In Matth. 4, 3 ist die Rede von Luzifer, dem „**Versucher**".

Diese Bezeichnung trifft den Nagel auf den Kopf! Er hat bereits Adam und Eva im Garten Eden zur Sünde verführt, und von jenem Tag an hat er so viele Menschen wie nur irgendmöglich in Versuchung geführt. Nun die Tatsache, daß du in Versuchung gerätst bedeutet nicht, daß du schuldig bist. Wir alle haben mit Versuchungen zu kämpfen, und die Bibel bringt sehr deutlich zum Ausdruck, daß auch der Herr selbst mit jeder den Menschen bekannten Versuchung konfrontiert worden ist (Hebr. 4, 15).

Du machst dich nur dann einer Sünde schuldig, wenn du der Versuchung erliegst und tust, was Luzifer dir einflüstert.

Aber werde nicht leichtsinnig, nur weil es dir gelungen ist, der Versuchung beim ersten Mal zu widerstehen. So schnell gibt Luzifer nicht auf, er wird hartnäckig daran arbeiten, dich immer wieder zu verführen, wenn du es zuläßt.

Manchmal wird die Versuchung noch stärker, und es wird dir nach einiger Zeit schwerer fallen, ihr nicht nachzugeben.

Ehebruch ist hierfür ein hervorragendes Beispiel.

Zunächst findest du eine Frau (oder einen Mann) vielleicht nett, sympathisch oder gutaussehend. Dann flirtest du ein wenig, weil du nichts Böses dabei denkst - schließlich tust du ja niemandem weh. Und was ist schon dabei, die betreffende Person zu einem „harmlosen" Abendessen einzuladen? So gerätst du Schritt für Schritt tiefer in die Fänge der Versuchung, bis sich eine „leidenschaftliche Äffäre" entwickelt hat. Dann wachst du eines Tages auf und wunderst dich, wie in aller Welt dir so etwas passieren konnte.

In Joh. 10, 10 wird Luzifer der „**Dieb**" genannt, *„der kommt, um zu stehlen und zu schlachten und zu verderben".* Und das beschreibt ihn in der Tat! Er wird dich deines Geldes, deiner Gesundheit, deiner Freude, deiner familiären Beziehungen, deiner Position im Reich Gottes, deiner Vision und deiner Liebe zu Gott berauben, und wenn er kann, wird er dir selbst deine Errettung entreißen.

Luzifer liebt es, andere zu bestehlen, und es ist sein höchstes Glück, wenn er auch andere dazu animieren kann. Du hast vielleicht schon davon gehört, daß es Menschen gibt, die stehlen „müssen". Dabei kommt es ihnen überhaupt nicht darauf an, was sie entwenden. Es kann ein Gegenstand sein, für den sie überhaupt keine Verwendung haben. Sie sehen etwas, und sie *müssen* es einfach haben. Die Krankheit, an der sie angeblich leiden, wird „Kleptomanie" genannt, doch in Wirklichkeit werden sie von einem bösen Geist gesteuert, der selbst gerne stiehlt. Er produziert in den Betroffenen das Ver-langen, einen Diebstahl zu begehen. Solchen Menschen kann nur jemand helfen, der in Jesu Namen von seiner Autorität über diesen diebischen Dämon Gebrauch macht und ihn austreibt.

In Joh. 8, 44 stoßen wir auf den Begriff **„Menschenmörder"**.

Und auch das ist eine angemessene Bezeichnung für Luzifer. Er hat in der Tat jeden Menschen, der jemals auf der Erde gelebt hat, getötet. Was meine ich damit? Wenn Luzifer im Garten Eden Adam und Eva nicht zur Sünde verführt hätte, würde Tod überhaupt nicht existieren. Wir würden ewig leben und uns an der Gegenwart Gottes erfreuen. Und in diesem Sinne ist es völlig richtig, Luzifer einen Mörder zu heißen.

Doch seine Mordlust ist noch weitaus detaillierter. Er stiftet zudem noch Männer und Frauen dazu an, sich zu hassen und sich gegenseitig umzubringen. Es entzückt ihn, Teenager-Banden zu beobachten, die aus einem fahrenden Auto auf andere schießen und sich nichts dabei denken, wenn sie jemanden töten, der nicht nach ihrem Geschmack gekleidet ist. Auch an Millionen Abtreibungen, die jährlich durchgeführt werden, hat Luzifer seine wahre Freude. Seine besondere Vorliebe gilt der Vernichtung der Kinder, da er dadurch der nächsten Generation ihre Führer und Erweckungsprediger berauben kann. Er verursachte den Kindesmord, als Mose geboren wurde, und er tat dasselbe, als Christus zur Welt kam. Es ist eine traurige Vorstellung, daß vielleicht einige unserer größten Prediger ermordet worden sind, noch ehe sie das Licht der Welt erblickt hatten! Und hinter all dem steckt Luzifer, der Mörder!

Auch die Tatsache, daß er es genießt, die Seele eines Menschen zu zerstören, macht ihn zum Mörder. Er wird so viele Menschen wie nur irgend möglich mit sich ins ewige Verderben reißen. Er hat es darauf abgesehen, *deine* Seele zu vernichten.

In seiner Gefolgschaft gibt es bestimmte Mordgeister, deren Aufgabe es ist, zu töten und zu verletzen.

Hast du schon einmal in einem Zeitungsartikel gelesen, daß ein wegen Mord angeklagter Verbrecher behauptete, „Ich hatte einfach das Verlangen, jemanden umzubringen", oder „Ich wollte einfach wissen, wie man sich fühlt, wenn man einen Menschen tötet"? Wenn jemand derartige Aussagen macht, kannst du ziemlich sicher sein, daß er unter den Einfluß eines mörderischen Dämons geraten ist.

Ich habe schon Dämonen sagen hören: „Ich bin ein Dämon, der den Geschmack und den Geruch von Blut liebt. Ich liebe es, Blut zu vergießen!" Solche Worte gibt ein Dämon des Mordes von sich, und ich hatte schon einige Male mit solchen Geistern zu tun, als ich mich in Afrika und Europa aufhielt - als ich Länder besuchte, in denen schon etliche Bürgerkriege und Aufstände getobt haben. Unter solchen Umständen geschieht es, daß einige Soldaten sich für dämonische Einflüsse öffnen, weil sie sich daran gewöhnt haben, Menschen umzubringen und Blut zu vergießen. Und wegen der Gebundenheit an dämonische Geister werden gewisse Soldaten regelrecht süchtig danach, zu töten.

Kannst du dich noch an den Terror erinnern, dem Uganda unter der Herrschaft von Idi Amin ausgesetzt war? Ich war kurz nach seiner Entmachtung in diesem Land, und als ich in das Verlies unter dem „Capitol Building" in Kampala hinabstieg, befanden sich immer noch Blutspuren an den Wänden. Vielleicht ist dir bekannt, wie Amin und seine Soldaten ihre angeblichen Feinde quälten und umbrachten - und sich schließlich wie Kannibalen aufführten? Sie schlachteten die Menschen ab wie Vieh, nahmen das Fleisch der Leichen mit nach Hause und verspeisten es. Wie läßt sich ein solch entsetzliches, grauenhaftes Verhalten erklären? Es wird nur dadurch begreiflich, daß wir uns die mörderische Natur Luzifers und seiner dämonischen Heerscharen vor Augen halten.

Wenn wir auf Dämonen treffen, haben wir es mit boshaften, abscheulichen Teufeln zu tun. Und doch haben wir nichts zu befürchten, solange wir auf die Kraft des Herrn Jesus Christus vertrauen und in Ihm bleiben.

Der letzte Name Luzifers ist ein bildhafter Vergleich. In Petr. 5, 8 wird er als ein **„brüllender Löwe"** beschrieben. Die meisten von uns haben einen lebenden Löwen nur in einem Zoo oder in einem Zirkus gesehen. Und solange dieses Raubtier in einem Käfig ge-halten wird, jagt er uns keine große Furcht ein. Doch draußen in der freien Wildbahn möchte ich keinem Löwen begegnen! Hin und wieder stoße ich auf einen Zeitungsartikel, der davon berichtet, daß ein menschenfressender Löwe ein afrikanisches Dorf angegriffen und einige Bewohner getötet hat.

Löwen sind bekannterweise riesige Katzen. Hast du schon einmal beobachtet, wie eine Katze ihrem Opfer auflauert? Sie duckt sich und wartet still - nahezu ohne zu atmen, während ihr Schwanz lautlos und geschmeidig durch die Luft peitscht - auf den richtigen Moment, um zuzupacken. Und dann plötzlich, blitzschnell, springt sie ihre Beute an, daß dem armen Tier keine Zeit mehr bleibt, an Flucht auch nur zu denken.

Luzifer mit einer Raubkatze zu vergleichen, vermittelt einen sehr zu-treffenden Eindruck seines Wesens. Er liegt auf der Lauer, be-obachtet und wartet ab, bis der geeignete Moment gekommen ist, um zuzuschlagen. Es könnte ja einen Augenblick geben, indem du schwach oder unachtsam bist! Er hält Ausschau und wartet darauf, daß er jemanden verschlingen kann.

Sei deshalb auf der Hut!

Wir haben nicht alle Namen Luzifers betrachtet, denn es gibt noch einige mehr. Doch anhand derer, die wir ausgewählt haben, können wir uns ein recht präzises Bild von seiner Persönlichkeit und seiner Zielsetzung machen.

Die Talente der Dämonen

Nun haben natürlich die einzelnen Dämonen auch unterschiedliche Persönlichkeiten, doch jeder von ihnen besitzt eine ganz bestimmte Fähigkeit im Bereich der Bosheit - eine spezielle „Gabe", mittels derer er sich in das Leben eines Menschen einzuschleusen ver-sucht. Ich habe bereits an anderer Stelle die Existenz von „Mordgeistern" erwähnt. Es gibt unter der Schar der Dämonen je-doch noch viele andere Gattungen. Einige davon werden wir nun unter die Lupe nehmen.

Zunächst warnt die Bibel an mehreren Stellen vor Totenbeschwörern und Zeichendeutern. Lies dazu 3. Mose 19, 31 und 20, 6; 5. Mose 18, 11 und 1. Sam. 28, 3. Überall dort, wo Seancen stattfinden und Weissager die Zukunft voraussagen, ist ein böser Geist am Werk. Häufig immitiert er bei derartigen Anlässen die Persönlichkeit eines Verstorbenen. Wenn du dich im Bereich des Spiritismus auskennst wirst du wissen, daß nahezu jedes Medium einen sogenannten „Geistführer" hat. Was also geschieht, ist folgendes: Das Medium versetzt sich in Trance, der Geistführer übernimmt die Herrschaft und kontrolliert den restlichen Verlauf der Seance. Gewöhnlich gibt dieser Geistführer vor, ein weises und wohlmeinendes Wesen aus vergangenen Zeiten zu sein. Nun, die Altersangabe mag den Tatsachen entsprechen, doch weise oder gut ist dieses Geistwesen mit Sicherheit nicht. Es ist ein Dämon, den die Bibel als „Toten- oder Wahrsagegeist" bezeichnet.

In Matth. 12, 22 ist die Rede von einer spezifischen Art von Dämonen, welche *sowohl* organisch bedingte *als auch* geistliche Blindheit verursachen können. Ich habe miterlebt, wie Blinde sehend wurden, nachdem diese Dämonen aus ihnen ausgetrieben worden waren. Es ist ein erstaunliches Ereignis, wenn jemand das Augenlicht erhält. Die ganze Farbenpracht, die Lichter und all die visuellen Eindrücke prasseln erstmalig auf den Denkapparat des Betreffenden ein. Und man hat das Gefühl, Zeuge einer Geburt zu sein!

In 1. Kön. 22, 22-23 stoßen wir auf einen „Lügengeist", was nichts anderes ist, als ein Dämon, der Menschen zum Lügen anstiftet. Einen Dämon dieser Gattung kannst du dir einhandeln, indem du Lügen verbreitest. - Und an dieser Stelle möchte ich eine Warnung an alle Eltern aussprechen: Liebe Eltern, wir müssen unsere Kinder dahingehend erziehen, daß sie die Wahrheit sagen. Wenn wir ihnen nicht beibringen, daß Ehrlichkeit und Aufrichtigkeit wichtige Charaktereigenschaften sind, werden sie sich zu Lügnern entwickeln und so die Tür für einen solchen Dämon öffnen. Dann werden unsere Kinder sich aus allen Schwierigkeiten „herauslügen", um für ihr Handeln nicht die Verantwortung übernehmen zu müssen. Und wenn sie damit auch noch Erfolg haben, werden sie zu dem Schluß kommen, daß lügen besser ist, als die Wahrheit zu sagen. Und wenn dieser Gedanke im moralischen Verständnis eines Kindes erst einmal fest verankert ist, hat ein Lügendämon freien Zugang zu seinem Leben.

Manchmal tritt der Fall ein, daß ein Lügengeist oder ein anderer Dämon in das Leben eines Kleinkindes eindringen kann, aber unentdeckt bleibt, bis das Kind herangewachsen ist. Dann erst manifestiert er sich und verursacht dem betroffenen Teenager, seinen Freunden und seiner Familie jede Menge Schwierigkeiten. Ihr Eltern, seid also um eurer Kinder willen in diesem Bereich sehr aufmerksam!

„Betrügerischer" oder „verführerischer Geist" wird in 1. Tim. 4, 1 ein Dämon genannt, der dich zur Sünde und zur Ablehnung der göttlichen Wahrheit verführen will. Dieser Geist wird versuchen, dich zu unmoralischen sexuellen Handlungen anzuregen. Doch ebenso intensiv bemüht er sich darum, daß du dich dem „Intellektualismus" zuwendest und die Wahrheit aus Gottes Wort verwirfst, weil du „zu gebildet bist, um an so etwas zu glauben". Vor solchen Dämonen mußt du stets auf der Hut sein!

In Matth. 18, 18 ist die Rede vom Binden und Lösen im Himmel und auf der Erde. Hast du schon einmal das Gefühl gehabt, du seist gebunden - jemand würde dich festhalten und nicht mehr loslassen? Du wünschst dir, du könntest Gott mehr vertrauen, aber irgend etwas hält dich davon ab. Du wärst so gerne glücklich, doch die Traurigkeit läßt sich scheinbar nicht abschütteln. Die Anzeichen sprechen dafür, daß du unter der Kontrolle eines bindenden Geistes stehst, doch die Kraft des Herrn Jesus Christus kann dich freisetzen!

Ein weiterer Typus ist der „unreine Geist", der in Mark. 9, 25 erwähnt wird. Das ist keine unzutreffende Bezeichnung. Es gibt unreine Geister, die sogar einen üblen Geruch verbreiten. Man könnte sogar sagen, daß sie stinken. Manchmal kann man ihre Ausdünstung wahrnehmen, wenn man sie austreibt. Mir selbst ist bei solchen Gelegenheiten schon richtiggehend übel geworden. Man kann sie nicht mit dem Geruchssinn wahrnehmen, also durch die Nase; es ist vielmehr so, daß ihr Gestank deinen Geist völlig zu durchdringen scheint.

Obwohl es noch viele andere Arten von Dämonen gibt, werde ich mich an dieser Stelle auf zwei weitere beschränken.

Die erste fällt unter die Kategorie „Geist der Eifersucht", und er wird in 4. Mose 5, 14 erwähnt. Vielleicht hast du schon die Redewendung gehört, Eifersucht sei ein „grünäugiges Monster". Die Aussage ist gar nicht so weit von der Wahrheit entfernt! Eifersucht ist eine Bestie, die Beziehungen, Gemeinden, Organisationen und einzelne Menschenleben zerstört. Ich habe miterlebt, wie bestimmte Männer Gottes regelrecht ruiniert wurden, weil andere eifersüchtig auf sie waren. Eifersucht steht in krassem Widerspruch zum Geist Christi, und wenn du dich diesem Dämon hingibst, wird er das Leben und die Freude Gottes förmlich aus dir heraussaugen.

Den letzten Dämonen-Typus, auf den ich näher eingehen werde, ist ein „religiöser Geist".

Manche Menschen denken, Dämonen würden sich vor einer „christlichen" Gemeinde fürchten und sich gar nicht in die Nähe eines solchen Gebäudes wagen - allein schon deswegen, weil es ein Kreuz auf dem Kirchturm hat und Bibeln auf den Holzbänken aus-liegen. All denjenigen, die dieser Meinung sind, kann ich versichern, daß dies nicht im geringsten der Realität entspricht. Es ist sogar durchaus möglich, daß es einige Dämonen heute in manchen amerikanischen Gemeinden sehr behaglich finden. In manchen solcher Gemeinden wissen die Mitglieder gar nicht mehr, warum sie sich am Sonntagmorgen überhaupt dort zusammenfinden. Sie sind mit ganz anderen Dingen beschäftigt - manche von ihnen sogar damit, terroristische Gruppen auf der ganzen Welt mit Waffen und Munition zu versorgen. Sie haben die einfache Wahrheit, daß Jesus Christus gestorben ist, begraben wurde und am dritten Tag wieder auferstanden ist und daß wir durch Sein stellvertretendes Opfer Vergebung für unsere Sünden empfangen können, gänzlich aus den Augen verloren. Sie besitzen lediglich noch eine äußere Form der Gottseligkeit, wie es die Bibel nennt, doch sie haben keine Ahnung von der Kraft Gottes. (Lies dazu 2. Tim. 3, 5!)

Jesus hat uns aufgetragen, das Salz der Erde zu sein. Er erklärte ausdrücklich: *„Ihr seid das Salz der Erde; wenn aber das Salz kraftlos geworden ist, womit soll es gesalzen werden? Es taugt zu nichts mehr, als hinausgeworfen und von den Menschen zertreten zu werden"* (Matth. 5, 13). Diese Aussage beschreibt exakt den geistlichen Zustand, in dem sich manche Gemeinden heute befinden. Sie haben jegliche „Würze" verloren und sind deshalb eine leichte Beute für jeden religiösen Geist.

Es tut mir leid, daß ich folgendes sagen muß, doch die Wahrheit ist: Wenn der Herr zurückkommt, wird Er diesen sogenannten Christen erklären, daß sie Ihn niemals erkannt haben und daß sie nutzlos sind. Und Er wird sie von sich weisen!

Wie ich bereits erwähnt habe, sind dies nur einige der vielen Gattungen von Dämonen, die heute in der Welt zugange sind. Doch bedenke, daß du nicht wissen mußt, welcher Sorte ein Dämon angehört, um ihn austreiben zu können. Alle Geister sind der Vollmacht und Autorität Christi untertan - jeder einzelne von ihnen muß sich der Autorität, die Christus dir als einem von Neuen geborenen, geisterfüllten Gläubigen übertragen hat, unterwerfen.

Es ist eine nackte Tatsache, daß Luzifer und all seine Dämonen dich fürchten, wenn du Christus angehörst. Sie hassen dich, und sie würden dich gerne vernichten. Doch sie wissen ohne jeglichen Zweifel, daß du ihnen an Macht weit überlegen bist.

In der Bibel wird dieser Sachverhalt so ausgedrückt:

1. Joh. 4,4
„Ihr seid aus Gott, Kinder, und habt sie überwunden, weil der, welcher in euch ist, größer ist als der, welcher in der Welt ist."

Geh deshalb in der Kraft und Macht des Herrn voran, um neue Eroberungen zu machen!

3
Die Behausungen der Dämonen

Die folgende Begebenheit findest du im 5. Kapitel des Markus-Evangeliums.

Jesus und Seine Jünger waren ans jenseitige Seeufer in das Land der Gerasener gekommen.

Und unmittelbar nach ihrer Ankunft stießen sie dort auf einen Mann, der von Dämonen besessen war. Er hatte sogar so viele Dämonen in sich, daß diese sich selbst als eine ganze „Legion" bezeichneten.

Bei diesem Mann handelte es sich um einen ganz speziellen Fall. Markus berichtet, daß er in den Grabstätten hauste. Vermutlich fühlten sich die Dämonen, die ihn in Besitz genommen hatten, in einer Umgebung wohler, die von einer Atmosphäre des Todes und der Verwesung durchdrungen war, als an irgendeinem anderen Ort. Außerdem hatten sich die Menschen, die in der Nähe lebten, dieses Verrückten sicherlich entledigen wollen. Es waren schon mehrere Versuche unternommen worden, den Besessenen einzufangen und ihn mit Ketten zu fesseln. Doch die Dämonen in ihm verliehen ihm derartige Kraft, daß er die schweren Ketten einfach zerriß und floh.

Markus erzählt weiter, daß dieser Mann sich selbst mit Steinen schlug und laut schrie. Er stand demnach in einem solchen Maß unter dämonischem Einfluß, daß er seine eigenen Handlungen nicht mehr kontrollieren konnte.

Umso erstaunlicher ist es, daß dieser Bursche sofort, nachdem Jesus aus dem Boot gestiegen war, auf Ihn zurannte, vor Ihm auf die Knie fiel und Ihn anbetete. Die Dämonen in ihm erkannten Jesus unmittelbar, und da sie wußten, daß Er der Herr ist, versuchten sie auch nicht einen Augenblick, sich Ihm zu widersetzen. Vielmehr veranlaßten sie ihre menschliche Behausung, sich vor dem Herrn niederzuwerfen und Ihn zu bitten, Er möge sie nicht vor der Zeit des Gerichts quälen.

Die Dämonen, die sich in dem Mann eingenistet hatten wußten genau, daß Jesus sie von dort vertreiben würde. Es war ihnen bekannt, daß ein Teil Seines Dienstes darin bestand, die Gefangenen freizusetzen. Und aus diesem Grund baten sie den Herrn erst gar nicht, sie nicht aus dem Mann auszutreiben. Stattdessen hielten sie Ausschau nach einer Alternative - nach einem anderen Wesen, das ihnen als Wohnstätte dienen konnte.

Während sie sich also suchend umblickten, entdeckten sie in der Nähe eine Herde Schweine. Und nach dem Motto „In der Not frißt der Teufel Fliegen", baten sie Jesus, Er möge ihnen erlauben, in diese Schweine zu fahren.

Und die Bibel sagt, Jesus gestattete es ihnen. Dieser Umstand beweist widerum, daß Jesus vollkommene Autorität über dämonische Mächte besitzt. Doch als die Dämonen in die Schweine eindrangen, geschah etwas sehr Ungewöhnliches. Die Tiere gerieten derart in Panik, daß sie den Abhang hinunterrannten und sich in den See stürzten, wo sie schließlich ertranken.

Du kannst dir sicher vorstellen, wie erschrocken der Schweinehirte gewesen sein muß! Plötzlich, aus heiterem Himmel, spielten die Schweine verrückt. Wahrscheinlich hat er versucht, sie einzufangen, was ihm natürlich nicht gelang. Sie grunzten und quiekten und verhielten sich wie eine Herde Schweine, in die der Teufel gefahren war - und genau das war ja auch der Fall. Es muß ein erstaunlicher Anblick gewesen sein!

In der Bibel heißt es, daß die Herde aus 2.000 Schweinen bestanden hatte, und jedes einzelne von ihnen hatte sich den Abhang hinunter in den See gestürzt und war ertrunken. Du kannst dir sicherlich vorstellen, was der Schweinehirte bei seinem nächsten Aufenthalt in der Stadt erzählt hat!

„Joseph, du wirst es nicht glauben. Ich war draußen mit den Schweinen, ...es war ein Tag wie jeder andere... und plötzlich spielten sie völlig verrückt. Sie sprangen durcheinander, grunzten und schlugen nach hinten aus wie Pferde. Und dann rannten sie alle gemeinsam den Abhang hinunter, stürzten sich in den See und ertranken!"

„Alle?"

„Jedes einzelne!"

„Ist das ein April-Scherz?"

Nun, ich weiß nicht, warum sich die Schweine in den See gestürzt haben, doch so hat es sich zugetragen. Die Schweine haben im Grunde nur darauf reagiert, daß die Dämonen in ihren Körper eingedrungen sind. Sie sind erschrocken, in Panik geraten und wußten sich nicht anders zu helfen, als sich selbst zu vernichten.

Ich finde es äußerst interessant, daß diese „dummen" Tiere durch das plötzliche Erscheinen der Dämonen derart in Panik gerieten, während intelligente menschliche Wesen sich freiwillig für dämonische Einflüsse öffnen, ohne darüber nachzudenken. Es gibt sogar Menschen, die Satan anbeten und die böse Geister nicht nur einladen, sondern sie regelrecht anflehen, in ihnen zu wohnen. Welch eine Torheit! Ebenso gut könntest du ein Schild in deinem Garten aufstellen, auf dem steht: „Diebe, herzlich willkommen! Kommt herein, raubt uns aus und bringt uns um. Wir bitten darum!"

Das ist doch Unsinn!

Wo leben sie?

An dieser Stelle des Buches wissen wir, daß Spukhäuser und Heimsuchungen von Geistern und ähnliche übernatürliche Dinge auf das Wirken von Dämonen zurückzuführen sind. Außerdem haben wir uns Zeit genommen, die Herkunft der Dämonen zu ergründen. In diesem Kapitel werde ich nun darauf zu sprechen kommen, wo Dämonen leben. Und aus diesem Grund habe ich es mit der Geschichte von der dämonischen „Legion" und der Herde Schweine eröffnet.

Dieser Bericht liefert uns zwei Informationen darüber, welche Orte sich Dämonen gerne als Behausung auswählen. Am liebsten nisten sich böse Geister in Menschen ein. Und wenn ihnen dies nicht gelingt, geben sie sich notgedrungen auch mit Tieren zufrieden.

Wie du siehst, bevorzugt ein Dämon einen Körper aus Fleisch und Blut, wobei ein Grund dafür sein mag, daß die Sünden des Fleisches für ihn einen vorzüglichen Genuß darstellen. Ein Dämon liebt die Völlerei, exzessives Trinken, Drogenkonsum, sexuelle Perversionen, und um all diesen „Lüsten" frönen zu können, benötigt er einen Körper. Er bevorzugt natürlich einen menschlichen Körper, doch wenn es ihm nicht gelingt, einen solchen zu finden, wird ein Dämon alles in Besitz nehmen, was sich ihm sonst noch anbietet.

Wenn es ihm auch nicht gelingt, seinen Einfluß auf ein Tier auszuüben, wird der Dämon sich in einer bestimmten Gegend ansiedeln - in einem alten Haus, in einem Waldstück oder an einem einsamen See. Unsere Vorfahren ahnten instinktiv, was hinter derartigen Phänomenen steckt. Es gab bestimmte Orte, die von ihnen gemieden wurden, weil sie wußten, daß dort böse Geister ihr Unwesen trieben. Der moderne Mensch glaubt jedoch größtenteils nicht mehr an solche Dinge. Er ist zu seinem eigenen Schaden „klug" geworden, und seine „Bildung" kann ihn letztendlich selbst in Gefahr bringen.

Vor nicht allzulanger Zeit hörte ich die wahre Geschichte von fünf College-Studenten, die sich für zu intellektuell und gebildet hielten, um an böse Geister, Gespenster oder ähnliches zu glauben. Sie suchten einen gewissen Platz in der Nähe ihrer Schule auf, von dem behauptet wurde, dort würde es spuken, und machten sich über die dort anwesenden Geister lustig. Sie verspotteten sie, forderten sie heraus, indem sie von ihnen verlangten, sich zu offenbaren.

Und sie hatten einen Riesenspaß bei der Sache.

Unglücklicherweise hatten die Studenten niemals ihr Leben an Jesus Christus übergeben. Ihrer Meinung nach waren diejenigen, die an Ihn glaubten, ebenso dumm wie die, die von der Existenz böser Geister überzeugt waren. Wegen ihres Unglaubens waren sie nicht durch das Blut Jesu geschützt, und so entschlossen sich die dort lebenden Dämonen, ihre Herausforderung anzunehmen.

Innerhalb der darauffolgenden sechs Monate hatten alle fünf Studenten ihr Studium aufgegeben. Freunde von ihnen erzählten, daß jeder einzelne von ihnen unter Wahnvorstellungen und Angstzuständen litt. Sie würden von merkwürdigen Dingen berichten, die sich in ihrem Leben zutragen würden. Sie würden Stimmen hören und körperlose Geister sehen, und sie hätten das Gefühl, ihr Leben sei in Gefahr. Die jungen Männer wußten sich nicht zu helfen, deshalb versteckten sie sich die meiste Zeit. Ihre Ziele und Träume hatten sie aufgegeben. Sie hatten eine sehr wichtige Lektion über die übernatürliche Welt gelernt, doch sie mußten ein teures Lehrgeld dafür bezahlen.

Nun, ich möchte nicht den Eindruck erwecken, jedes sogenannte „Spukhaus" sei der Wohnort eines Dämons (oder mehrerer Dämonen). Die meisten davon sind nichts weiter als alte Gebäude, an denen der Zahn der Zeit genagt hat und die deshalb etwas Gespenstisches an sich haben. Und ihr „gruseliges" Aussehen regt die Fantasie der Betrachter an. Es gibt viel zu viel Paranoia in der Welt, die ich unter gar keinen Umständen nähren will. Doch es ist wichtig zu begreifen, daß es in einigen Spukhäusern tatsächlich spukt.

Nahezu in jedem Fall, der dem beschriebenen ähnelt, wird man feststellen, daß ein Dämon durch die Tragödie, die sich an einem bestimmten Ort abgespielt hat, angezogen worden ist. Vergossenes, menschliches Blut scheint eine geradezu magische Anziehungskraft auf Dämonen auszuüben.

Und dann gibt es noch gewisse Stätten oder Plätze, die Satan geweiht worden sind. Dort halten sich natürlich jede Menge Dämonen auf.

Ich weiß von einem Fall, bei dem ein ganzes *Land* an Satan übergeben wurde. Und zwar handelt es sich um den kleinen Inselstaat Haiti. Heute ist Haiti das ärmste Land auf der westlichen Hemisphäre, wenn nicht gar auf der ganzen Welt. Es ist ein unglaublich mittelloses, rückständiges Land, und gleichzeitig zeichnet es sich durch den dort betriebenen Okkultismus aus.

Haiti hat unter einer ganzen Reihe unterdrückender Regierungsformen gelitten. Es ist ein Ort, an dem man nachts immer noch die Trommeln der Voodoo-Zauberer hören kann und an dem, laut einer Legende, Zombies in der Dunkelheit das Gelände durchstreifen. Wie du weißt, glaube ich nicht an Zombies, doch ich bin sehr wohl von der Existenz dämonischer Geister überzeugt.

Die Ursache der Schwierigkeiten Haitis liegt bereits 200 Jahre zurück, denn zur damaligen Zeit wurde die Insel von einem Satanisten regiert. Er weihte im Rahmen einer öffentlichen Zeremonie das ganze Land dem Satan und „übergab" es seiner Kontrolle. Seit damals hat Haiti mit massiven Problemen zu kämpfen.

Damit will ich nicht den Eindruck erwecken, daß es auf Haiti keine guten Christen gibt. Doch es gibt eine weitaus größere Anzahl von

Anhängern des Voodoo-Kultes, die die Gläubigen dort binden, und so herrscht in diesem Land ein unerbittlicher Kampf zwischen guten und bösen Mächten.

Wenn wir also rekapitulieren können wir zusammenfassend sagen, daß Dämonen sich folgende drei Behausungen wählen:
1) Menschen
2) Tiere
3) Bestimmte Plätze, Gebiete oder Orte

Es gibt auch noch einige andere Bereiche, in denen sich Dämonen gerne versammeln.

Dämonen lieben es beispielsweise, sich in der unmittelbaren Nähe politischer Machthaber aufzuhalten.

Bevor ich fortfahre, möchte ich darauf aufmerksam machen, daß ich stolz darauf bin, ein Amerikaner zu sein. Ich liebe dieses Land, und ich danke Gott für die Freiheit, die wir hier genießen. Außerdem bin ich der Ansicht, Washington D.C. mit all den Marmormonumenten, dem Weißen Haus, dem Kapitol und den zahlreichen anderen Sehenswürdigkeiten ist eine herrliche und beeindruckende Stadt. Wenn wir jedoch unser Augenmerk nur auf die Geschichte, die Schönheit und die politische Bedeutung dieser Metropole richten, werden wir geblendet und realisieren nicht, daß in der Stadt Washington Dämonen am Werk sind.

Machthungrig

Dämonen lieben Macht. Es war schon immer ein Vergnügen für sie, sich in der Nähe von Königen, Imperatoren, Präsidenten und Politikern aufzuhalten. Damit will ich nicht sagen, daß es unter denjenigen, die sich in den Dienst der Regierung gestellt haben, keine anständigen Männer und Frauen mit guten Absichten gibt. Doch Christen, die sich im politischen Bereich engagieren, steht ein Kampf bevor, denn sie betreten einen Sektor, in dem Dämonen sehr aktiv sind.

Wenn man die Berichte über die mächtigen Könige und Königinnen der Vergangenheit liest, wird man überrascht feststellen, wie viele von ihnen wahnsinnig waren. Einige waren auch wegen ihrer Grausamkeit gefürchtet... wie etwa Herodes, der den Befehl erteilte, alle Babies zu töten, oder Nero, der den Großteil seiner eigenen Familie umbringen ließ und Menschen als lebende Fackeln für seine Gärten benutzte. Seit der Zeit, die die Bibel umfaßt, bis zum heutigen Tag hat es unzählige blutrünstige Tyrannen gegeben. Warum? Weil überall dort, wo politische Macht vorhanden ist, auch stets Dämonen anzutreffen sind!

Wenn dir diese Argumente nicht als Beweis dafür ausreichen, daß politische Macht und Dämonen in enger Verbindung stehen, überlege dir kurz, welche Gesetze in den letzten Jahren in Washington verabschiedet wurden: Gesetze zur Beschneidung der Religionsfreiheit, Gesetze, die Abtreibung leichter möglich machen, Gesetze, die die elterlichen Rechte einschränken, und Gesetze, die es Kriminellen erleichtern, ungestraft davonzukommen.
Washington steht sehr wohl unter dem Einfluß von Dämonen!

Vor kurzem habe ich von einem Verfahren gelesen, bei dem das Gericht den Eltern das Sorgerecht für ihren Sohn entzog und ihn zu einer Pflegefamilie gab. Warum? Weil die Eltern ihren Jungen „zwangen", den Bibelabend zu besuchen, der jeden Mittwoch in ihrer Gemeinde stattfand. Der 14jährige Junge wandte sich daraufhin an seinen Seelsorger in der *Junior High School* und beschwerte sich bei ihm. Der Seelsorger, offensichtlich ein Atheist, war empört und verklagte die Eltern.

Das Urteil wurde damit begründet, der Junge wüchse in einer „ungesunden" Umgebung auf. Wie ich gehört habe, wurde der Fall schließlich an das Gericht in Washington weitergereicht. Man kann nur hoffen, daß eine neue Regelung zugunsten der Eltern getroffen wird. Doch eigentlich hätte den Eltern von vornherein eine derartig leidvolle, schmerzhafte und nervenaufreibende Prozedur erspart bleiben sollen.

Du kannst dir sicher sein, daß sich wegen dieses Gerichtsverfahrens hunderte von Dämonen ins Fäustchen gelacht haben!

Ich versichere dir noch einmal, daß in der politischen Szene Dämonen anzutreffen sind. Und man wird sie auch dort vorfinden, wo Finanzkraft vorhanden ist.

Starke dämonische Mächte scharen sich gern um diejenigen, die über große Geldsummen verfügen. Geld kann das Herz und den Verstand eines Menschen derart beeinflussen, daß der Betreffende nicht mehr fähig ist, sich Gott hinzugeben. Einige wohlhabende Menschen erliegen dem Gedanken, sie würden Gott nicht mehr brauchen. Und wenn man Ihn erst einmal aus seinem Leben ausgeschlossen hat, öffnet man automatisch die Tür für die Einflüsse der Gegenseite.

Hast du schon bemerkt, daß manche, die „steinreich" sind, scheinbar nicht genug Geld bekommen können? Obwohl sie das Geld, das sie besitzen, nicht einmal ausgeben könnten, wenn sie zwölf Leben besäßen, wollen sie nur eines... mehr, mehr, mehr! Kein Wunder also, daß die Bibel die Liebe zum Geld als Wurzel allen Übels bezeichnet (1. Tim. 6, 10).

Weltbeherrscher der Finsternis

Im Hinblick auf die Hierarchie der dämonischen Mächte gibt es noch einen wichtigen Aspekt, den du wissen mußt. Es gibt bestimmte Gattungen, die eine ganze Stadt oder ein Gebiet beherrschen. (In Eph. 6, 12 werden sie *„Weltbeherrscher der Finsternis"* genannt!)

Vielleicht hast du dich gefragt, warum es in San Franzisko so viele Homosexuelle gibt? Du hast sicherlich schon davon gehört, daß diese Stadt regelrecht dafür berühmt ist. Wenn du als Tourist in San Franzisko unterwegs bist, kannst du dir einen Stadtplan besorgen, auf dem alle Bezirke markiert sind, in denen sich vorrangig Homosexuelle aufhalten. Man ist dort *stolz* auf die sexuelle Perversion, die in der Stadt ausgelebt wird, und es wird sogar der Versuch unternommen, sie als Touristenattraktion zu gebrauchen! Unglaublich!

Du mußt jedoch verstehen, daß der „Weltbeherrscher", der San Franzisko kontrolliert, ein homosexueller Geist ist. Und aus diesem Grund trifft man in dieser Stadt auf viele gleichgesinnte Dämonen und alle möglichen abnormen sexuellen Praktiken.

Wenn du in deiner Bibel Eph. 6, 12 aufschlägst, wirst du dort auf eine Warnung von Paulus stoßen. Er weist ausdrücklich darauf hin, daß wir nicht gegen Fleisch und Blut kämpfen, sondern gegen *"die*

Gewalten, gegen die Mächte, gegen die Weltbeherrscher dieser Finsternis".

Innerhalb des dämonischen Reiches gibt es also eine gewisse Rangordnung mit damit einhergehenden Verpflichtungen. Und es gibt mächtige Dämonen, die über eine gesamte Stadt oder ein bestimmtes Gebiet herrschen.

Wenn deine Sensibilität den Punkt erreicht hat, daß du derartige Einflüsse wahrnimmst und Gott dein geistliches Unterscheidungsvermögen geschärft hat, kannst du die dämonischen Mächte spüren, die sich in einer bestimmten Stadt oder einer Gegend angesiedelt haben.

Ich selbst könnte beispielsweise niemals in New York City leben, weil dort ein Geist der Gewalt herrscht. Die Stadt steht unter der Kontrolle von Dämonen der Gewalt, des Mordes und der Angst, und ich möchte nicht an einem Ort wohnen, an dem ich einer derartigen Atmosphäre unentwegt ausgesetzt bin. Nein, ich fürchte mich nicht vor diesen Dämonen, denn ich habe den Geist Christi in mir, doch es würde mich bedrücken, und es wäre sehr schwierig für mich, von soviel Bosheit umgeben zu sein. Und aus demselben Grund möchte ich wegen des vorherrschenden, homosexuellen Geistes und der sexuellen Perversion auch nicht in San Franzisko leben.

Falls du nun zufällig in New York oder San Francisco zu Hause bist, werde bitte nicht ärgerlich. Ich setze deine Stadt nicht mit Sodom und Gomorra gleich. Jede Stadt wird von einem dämonischen „Weltbeherrscher" kontrolliert. Das bedeutet jedoch nicht, daß die gesamte Stadt in Luzifers Hand ist, sondern daß er einem seiner machtvolleren Generäle die Verantwortung für das Wirken der Dämonen in einer Stadt übertragen hat - und jener ist gewissermaßen der Feldherr im geistlichen Krieg gegen die Menschen, die dort leben.

Nun fühlen sich manche Leute gerade wegen der dort agierenden Dämonen von einer bestimmten Stadt angezogen. So haben sich beispielsweise Homosexuelle aus der ganzen Welt in San Francisco niedergelassen weil sie wissen, daß sie dort ihre Lieblingssünde begehen können, ohne Angst haben zu müssen, deswegen bloßgestellt zu werden. Ebenso zieht es vielleicht einen Kriminellen nach New York. Dort geschehen so viele Gewaltverbrechen, daß die Täter gute Chancen haben, ihre illegalen Machenschaften ungestraft durchführen zu können.

Ganz gleich, wo du lebst, du mußt wissen, welcher Dämon die betreffende Gegend kontrolliert, damit du dich ihm widersetzen kannst - du kannst dich im Gebet stärken und vor den Dämonen auf der Hut sein, die versuchen, deine Mitbürger zu zerstören.

Es gibt Menschen, die sich nichts dabei denken, am Sonntagmorgen in die Kirche zu gehen und unter der Woche Trinkgelage zu veranstalten und all das zu tun, wonach es sie gerade gelüstet. Sicherlich kennst du die Redewendung, „In der Kirche ein Engel, im Leben ein Bengel!"

Im Norden der Vereinigten Staaten, wo ich auch einmal gewohnt habe, herrschte ein Isebel-Geist - ein Geist der Rebellion, der einige Männer zerstörte, die große Führerpersönlichkeiten im Reich Gottes hätten werden können.

Sie hatten einflußreiche Gemeinden und eine große Anhängerschaft. Doch als andere Männer über die Bedeutsamkeit des Glaubens predigten, sprachen sie sich vehement und energisch dagegen aus, weil sie die Botschaft nicht verstanden. Sie nahmen sich nicht einmal die Zeit, abzuwarten und zu sehen, ob Gott hinter der ganzen Sache stand, sondern sie gingen sofort zum Angriff über.

Diese Männer traten unmittelbar in die Fußstapfen der Dämonen, die ihren Sitz über der betreffenden Stadt errichtet hatten. Und durch ihr Verhalten öffneten sie sich für weitere dämonische Ein-flüsse.

Einige von ihnen wurden in Ehebruch, Alkoholismus und andere Dinge verwickelt. Manche streunen heute noch als betrunkene, mittellose Penner durch die Straßen von Minneapolis! Das ist tragisch, doch sie sind ein gutes Beispiel dafür, was böse Geister einem Menschen antun können.

Du mußt wissen, wo Dämonen leben und ihre Angriffsstrategien kennen. Über unseren Köpfen tobt ein Krieg... und du spielst darin eine wichtige Rolle, ob du dir dessen bewußt bist oder nicht!

Komme niemals auf den Gedanken, du seist davon ausgenommen. Sei stets auf der Hut! Bleibe konstant im Gebet. Überprüfe deine

Gedanken und deine Handlungen anhand von Gottes Wort. Lasse dich nicht zu der Ansicht verführen etwas sei in Ordnung, nur weil alle es tun.

Vor einigen Monaten predigte ich in Las Vegas, und dabei wurde ich daran erinnert, was Lester Sumrall in dieser Stadt erlebt hat. Er war eingeladen worden, in einer bestimmten Gemeinde zu predigen. Als es an der Zeit war, ihm das Opfer zu übergeben, fragte ihn der Finanzverwalter der Gemeinde, ob er lieber Geldscheine oder Casino-Chips haben wollte.

Als Bruder Sumrall sein Erstaunen über diese Frage äußerte und erklärte, daß er mit Chips nichts anfangen könne, berichtete ihm der Finanzverwalter, daß er die Erfahrung gemacht habe, die meisten Prediger würden Casino-Chips vorziehen. Kannst du dir das vorstellen? Sie sind zu Gast in einer Gemeinde und predigen über die Notwendigkeit eines gottgefälligen Lebensstils und anschließend lassen sie sich in Chips bezahlen, damit sie den Abend am Roulette-Tisch oder beim „Black Jack"-Spielen im Casino verbringen können.

Wie du siehst, sind selbst Männer und Frauen Gottes verführt worden. Sie halten es für völlig in Ordnung, um Geld zu spielen, Pornofilme anzuschauen und alles zu tun, worauf sie Lust haben, weil „alle anderen es ja auch tun". Es ist so leicht, den dämonischen Einflüsterungen nachzugeben, ohne dabei zu realisieren, was eigentlich vor sich geht.

Wir wollen noch einmal zusammenfassen, was wir in diesem Kapitel über die von Dämonen bevorzugten Wohnstätten erfahren haben:

1) Am liebsten würde jeder Dämon in einem menschlichen Körper hausen - hauptsächlich deswegen, weil er auf diese Weise die Sünden des Fleisches begehen kann.
2) Wenn kein menschlicher Körper zur Verfügung steht, wird sich ein Dämon ein Tier als Behausung wählen - ganz gleich, ob es sich um ein Schwein, eine Katze, einen Hund oder eine andere Gattung handelt.
3) Wenn ein Dämon kein lebendes Wesen in Besitz nehmen kann, wird er sich an einem bestimmten Ort niederlassen - in einem Haus, in einem Waldstück, an einem See...
4) Viele Dämonen halten sich in unmittelbarer Nähe von Zentren politischer Macht auf - einschließlich Washington D.C.

5) Dämonen lieben es außerdem, sich in die Welt der Hochfinanz und der Wirtschaft einzuschleusen. Wie wir gesehen haben, ist die Liebe zum Geld tatsächlich die Wurzel allen Übels.

6) Jede Stadt wird von einem bestimmten Dämon (oder mehreren Dämonen) kontrolliert, und aus diesem Grund werden in den verschiedenen Städten unterschiedliche sündhafte Verhalten be-vorzugt praktiziert.

Ich möchte dich noch einmal daran erinnern, daß es wichtig ist, Dämonen nicht unangemessen viel Beachtung zu schenken und nicht zu viele Gedanken an sie zu verschwenden. Doch gleichzeitig ist es von großer Bedeutung, daß wir uns so ausführlich wie möglich darüber informieren, wie sie vorgehen, wo sie sich aufhalten, welchen Ursprung sie haben usw. Je mehr wir nämlich über böse Geister wissen, desto effektiver können wir gegen sie vorgehen - desto nachhaltiger können wir sie außer Gefecht setzen.

Wie solltest du dich also verhalten, wenn du mit dämonischen Mächten konfrontiert wirst? Du solltest ebenso handeln, wie Jesus Christus es getan hat, wenn Er mit Dämonen zusammentraf.

Wie Jesus mit Dämonen umgegangen ist, erfahren wir in Kapitel 4!

4
Mit Jesus in die Schlacht ziehen

Manche Leute denken, je geistlicher man sei, desto seltener würde man von Dämonen belästigt werden. Nun, dazu fällt mir der in Amerika altbekannte Musiktitel ein, „It ain´t necessarily so" - nicht unbedingt!

Tatsächlich ist das Gegenteil der Fall. Denn je mehr du danach strebst, Jesus nachzufolgen, Seinem Vorbild nachzueifern und Seine Herrlichkeit widerzuspiegeln, *desto weiter* rückst du auf der Abschußliste der Kreaturen der Hölle nach vorne.

Christus ist unser Ideal und unser Maßstab, und wenn wir den Punkt erreicht haben, an dem Jesus in uns sichtbar geworden ist, werden wir nicht seltener, sondern *häufiger* von Dämonen attackiert werden. Dafür gibt es zwei Gründe. Zum einen haben die Mächte der Finsternis das Ziel, uns davon abzubringen, weiterhin für den Herrn zu leben. Sie verabscheuen Christen, denn sie haben die Angewohnheit, ihnen die Menschenseelen zu entreißen, die sie fest im Griff zu haben glauben. Böse Geister setzen alles daran, dich zu bremsen und aufzuhalten, denn als geisterfüllter Christ stellst du eine echte Bedrohung für sie dar.

Zweitens wirst du als ein Gläubiger deshalb massiver von Dämonen angegriffen, weil Gott dich bewußt in derartige Auseinandersetzungen mit Mächten der Bosheit hineinführt, wenn es erforderlich sein sollte. Seine Kraft in dir gewährleistet deinen Sieg über jede Gewalt der Hölle, und Gott möchte, daß du von ihr Gebrauch machst, um Sein Reich zu vergrößern *und* die Gefangenen aus der Kontrolle Luzifers und seiner Heerscharen zu befreien.

Um uns auf die bevorstehenden Schlachten gegen dämonische Mächte vorzubereiten, kann nichts hilfreicher sein, als das Leben des Herrn Jesus Christus zu studieren. Während Jesus auf der Erde lebte, stand Er von Beginn Seines Dienstes an bei zahlreichen Gelegenheiten im Kampf gegen Dämonen.

Die größte Versuchung

Was geschah, als Jesus „offiziell" mit Seinem Dienst begann, ist im 4. Kapitel des Matthäus-Evangeliums festgehalten: Er wurde in die Wüste geführt, um dort von Satan (Luzifer) versucht zu werden.

Warum sage ich wohl, daß diese Versuchung der Auftakt zu Seinem Dienst war? Weil Jesus in den ersten 30 Jahren Seines Aufenthaltes auf der Erde ein sehr zurückgezogenes Leben geführt hat (...soweit Ihm das als Sohn Gottes möglich war! Du erinnerst dich sicherlich an den Vorfall, als Er als 12jähriger im Tempel erschien und die Schriftgelehrten und Pharisäer durch Seine Weisheit in höchstes Erstaunen versetzte.) Doch als Jesus 30 Jahre alt war, suchte Er Seinen Cousin Johannes auf, um sich von ihm taufen zu lassen.

Diese Taufe war ein einschneidendes Ereignis, denn an diesem Tag empfing Jesus durch den Heiligen Geist eine besondere Salbung, und Gott erklärte mit hörbarer Stimme: *„Dieser ist mein geliebter Sohn..."* (Matth. 3, 17). Ab jenem weichenstellenden Augenblick war die Aufmerksamkeit nicht länger auf Johannes, sondern auf Jesus gerichtet. Die Zeit war gekommen, daß Jesus an Kraft und Einfluß zunehmen, er selbst dagegen abnehmen mußte - wie Johannes es ausdrückte (Joh. 3, 30).

Unmittelbar nach Seiner Taufe ging Jesus in die Wüste, wo Er vom Teufel geprüft wurde.

Während dieser Phase fastete Jesus vierzig Tage und Nächte lang. An dieser Stelle möchte ich dir einen ernstzunehmenden Tip geben: Faste niemals über einen so langen Zeitraum hinweg, es sei denn, Gott hat es dir ausdrücklich aufgetragen! Und vergewissere dich nachhaltig, daß du tatsächlich *Gottes* Stimme gehört hast! Eine Fastenzeit diesen Ausmaßes kann deinem Verstand, deinem Körper und deinem Geist enormen Schaden zufügen. Ich kenne einige, die sich einer solchen Fastenkur unterzogen haben. Doch sie gingen nicht mit neuer Kraft und Salbung daraus hervor, sie wiesen vielmehr deutliche Anzeichen von Geistesschwäche auf und hatten plötzlich eine Menge verrückter Ideen. Ich möchte nicht hart erscheinen, doch ich sage die Wahrheit, und ich bin der Meinung, daß diese Warnung notwendig ist.

Jesus wußte, was Er tat. Daran besteht kein Zweifel! Und ein Teil Seiner Aktivitäten zielte darauf ab, sich auf die Ereignisse innerhalb der vor Ihm liegenden drei Jahre vorzubereiten einschließlich Seines Todes am Kreuz und der damit verbundenen Leiden.

Nachdem Jesus sein Fasten beendet hatte, *„hungerte ihn schließlich"* (Matth. 4, 2). Diese Aussage ist vermutlich mehr als untertrieben. Er muß *mehr* als nur ein Hungergefühl verspürt haben. Er war am Verhungern!

Und in dieser Situation kam Luzifer zu Ihm und sagte sinngemäß: „Du armer Kerl, du mußt ja völlig ausgehungert sein. Aber hör´ mal, wenn du *wirklich* der Sohn Gottes bist, warum verwandelst du nicht einfach ein paar Steine in Brot?" Kannst du dir den besorgten Ausdruck in Luzifers Gesicht vorstellen? Er ist ja *so* mitfühlend.

Doch Christus widerstand der Versuchung. Er schaute seinem Feind direkt in die Augen und entgegnete: *„Es steht geschrieben..."* (Matth. 4, 4).

Kriegswaffen

Und hier kommt Lektion Nr. 1 für jeden erfolgreichen „Teufeljäger". Schmettere den bösen Geistern die Bibelstellen, und zwar Kapitel und Vers aus Gottes Wort, mitten ins Gesicht. Dem haben sie nichts entgegenzusetzen, gegen Sein Wort sind sie völlig machtlos!

Um von dieser Waffe Gebrauch machen zu können, mußt du das Wort Gottes natürlich *kennen*, und dies wiederum setzt voraus, daß du dir Zeit nimmst, die Bibel nicht nur zu lesen, sondern auch über ihren Inhalt nachzusinnen, ihn regelrecht geistlich zu „verdauen" und so in deinem Gedächtnis zu speichern. Wenn du weißt, was Gott zu den verschiedensten Umständen zu sagen hat, haben Luzifer und seine Mitläufer keine Chance, dich zu überlisten.

Bei der erwähnten Versuchung Jesu hat Luzifer nicht einmal versucht zu debattieren. Das Wort Gottes hat ihn „schachmatt" gesetzt, und es blieb ihm nichts weiter übrig, als sich eine andere List auszudenken.

Sein nächster Versuch bestand darin, Jesus auf das Dach des Tempels zu führen und Ihn dazu zu bringen, sich hinunterzustürzen. Fast kindisch mußten seine Worte geklungen haben: „Na los, beweise es mir! Du bist doch angeblich der Sohn Gottes, aber es fällt mir schwer, das zu glauben. Wenn du jedoch vom Tempel hinunterspringst und deine Engel dich sicher auf die Erde bringen, dann werde ich davon überzeugt sein."

Und dieses Mal griff Luzifer sogar selbst auf eine Schriftstelle zurück: *„Wenn du Gottes Sohn bist, so wirf dich hinab; denn es steht* *geschrieben: >> Er wird seinen Engeln über dir befehlen, und sie werden dich auf Händen tragen, damit du nicht etwa deinen Fuß an einen Stein stößt.<<"* (Matth. 4, 6).

Komme niemals auf den Gedanken, Dämonen würden den Inhalt der Bibel nicht kennen. Sie wissen genau, was darin steht! Ich schäme mich fast es zu sagen, aber sie kennen die Bibel besser als einige, die sich als Christen bezeichnen. Luzifers Vorliebe und die seiner untergebenen Geister ist, Menschen glauben zu machen, Gottes Wort enthalte bestimmte Aussagen, die in Wirklichkeit gar nicht biblisch sind, indem sie Schriftstellen verdrehen und deren wahren Sinn verfälschen. Und wiederum ist die einzige Weise, wie du dagegen angehen kannst, die Bibel selbst zu studieren. Wenn du eine fundamentale Kenntnis von Gottes Wort besitzt, wirst du nicht verunsichert sein, wenn Luzifer dich mit einer verfälschten, aus dem Zusammenhang gerissenen Bibelstelle aus dem Konzept bringen will.

Im Augenblick gibt es beispielsweise eine umstrittene, religiöse Gruppe, die sich „Die Familie" nennt. Sie waren früher als „Kinder Gottes" bekannt, und sie betrachten sich als Christen. Doch sie haben die Aussagen, die Jesus über Liebe gemacht hat, völlig verzerrt. Irgendwann einmal haben diese Leute angefangen, Liebe mit Sex zu verwechseln. Sie gingen sogar soweit, daß sie ihre Anhänger lehrten, sie sollten durch sexuelle Liebe andere Menschen für das Königreich Gottes gewinnen. Die jungen Mädchen wurden geschult, ihren Körper als evangelistisches Werkzeug einzusetzen. Kannst du dir eine derart perverse, von der Wahrheit der Schrift meilenweit entfernte Glaubenslehre vorstellen? Und doch können solche Dinge geschehen, wenn Menschen den Verdrehungen und Entstellungen von Gottes Wort Gehör schenken.

Bei der zweiten Versuchung wollte Luzifer Jesus dazu anstiften, Seine Kraft nicht aufgrund eines wichtigen Anlaßes einzusetzen, sondern lediglich um zu prahlen. Und wie zu erwarten war, distanzierte sich der Herr völlig von einem solchen Verhalten. Jesus wies Satan ein weiteres Mal mit einer Schriftstelle zurück - Er sagte wörtlich: *„Wiederum steht geschrieben: >>Du sollst den Herrn, deinen Gott, nicht versuchen.<<"* (Matth.4, 7).

Und wieder mußte Luzifer eine Niederlage einstecken. Doch das bedeutete noch lange nicht, daß er aufgab.

Nun, so sagt die Bibel, nahm er Jesus mit auf einen sehr hohen Berg und zeigte ihm *„alle Reiche der Welt und ihre Herrlichkeit"* mit dem Versprechen, er würde dem Herrn all dies schenken, wenn Jesus vor ihm niederfallen und ihn anbeten würde.

Stelle dir einmal vor, welch eine Versuchung dieses Angebot gewesen sein muß! Jesus war gekommen, um durch Seinen Tod am Kreuz die Welt zu erlösen. Er konnte vorausblicken und die Zeit kommen sehen, in der Er von Seinen Freunden verraten, von den römischen Soldaten geschlagen und dann ans Kreuz genagelt werden würde, um zu sterben. Und nun sagte Luzifer sinngemäß zu Ihm: „Hey, du kannst dir all das ersparen. Knie vor mir nieder und bete mich an, und ich werde dir die ganze Welt *schenken.* Du mußt nicht dieses ganze Leid über dich ergehen lassen!"

Jesus war sich natürlich die ganze Zeit über völlig bewußt, daß das Duell zugunsten Luzifers beendet sein würde, wenn Er sich ihm beugte. Dann wäre es Luzifer gelungen, den Allmächtigen Gott in die Knie zu zwingen - dieses Ziel hatte er von jeher angestrebt.

Und außerdem wußte Jesus, daß es nicht in des Teufels Hand lag, über diese Königreiche zu verfügen.

Hast du dich gelegentlich darüber gewundert, warum manche Menschen, die in ihrem täglichen Lebenswandel vor keiner Bosheit Halt machen, in der Welt so gut zurechtkommen? Einige unter ihnen scheinen regelrecht gesegnet zu sein. Sie besitzen ein schönes Haus, fahren ein tolles Auto und haben soviel Geld auf ihrem Konto, daß sie nicht wissen, was sie damit anfangen sollen. Und bei oberflächlicher Betrachtung hat es den Anschein, als ob es sich lohnen würde, sich dem Satan zu verschreiben.
Nun könnte jemand, der es nicht besser weiß, zu dem Schluß kommen: „Wenn das die Art und Weise ist, wie Satan die Menschen behandelt, dann bin ich auf seiner Seite!"

Doch du mußt verstehen, daß er dir nur vergängliche Dinge geben kann. Sie werden dir nicht für immer erhalten bleiben, und wenn es eines Tages zum Zusammenbruch kommt, wird danach nur noch ein Trümmerhaufen übrig sein. Zudem muß man einen entsetzlichen Preis dafür bezahlen. Jesus hat sich nicht vor Luzifer gebeugt, und du solltest es auch nicht tun.

Nach diesen ausgeklügelten, aber vergeblichen Versuchen, Jesus von der Ausführung Seines Auftrages abzubringen, gab Luzifer schließlich auf. Die Bibel sagt, daß Luzifer Jesus verließ und die Engel kamen, um dem Herrn zu dienen (Matth. 4, 11).

Doch wenn Luzifer sich für einige Zeit zurückzieht, ist es nicht für immer. Er verschwindet nur für einige Zeit, um neue Angriffspläne für die Schlacht um die Seelen der Menschen zu schmieden. Diese Tatsache sollten wir niemals aus den Augen verlieren. Denke ja nicht, daß du nun deine „geistliche Waffenrüstung" ablegen kannst, denn genau auf diesen Moment wartet der Feind. Wenn du unachtsam bist, schlägt er zu - wie der „brüllende Löwe", mit dem wir uns in Kapitel 2 befaßt haben. Wir müssen deshalb ständig auf der Hut und immer wachsam sein.

Jesus wußte sehr wohl, daß Er den Teufel und sein Fußvolk nicht zum letzten Mal gesehen hatte.

In Matth. 9 stoßen wir auf die nächste Begegnung zwischen dem Herrn und einem bösen Geist.

Mit Vers 32 dieses Kapitels beginnt der Bericht über einen Mann, der von einem Dämon besessen war und aus diesem Grund nicht sprechen konnte. Unmittelbar nachdem Jesus den bösen Geist ausgetrieben hatte, fing der Mann an zu reden.

Ich selbst hatte auch schon bei einigen Gelegenheiten mit solchen Dämonen zu tun. Manchmal kann jemand, der unter der Kontrolle eines derartigen Dämons steht, keinen einzigen Laut hervorbringen, während andere nur gelegentlich gravierende Sprachausfälle haben. Ich habe beispielsweise erlebt, daß Menschen, die durch diesen Dämonentyp gebunden waren, zum Gebet nach vorne kamen, mir aber nicht sagen konnten, was ihr Anliegen war, als sie an der Reihe waren.

Ich fragte sie nach ihrem Problem, und sie standen nur regungslos da und starrten mich an. Und während ich ihnen in die Augen schaute, konnte ich sehen, wie es in ihnen arbeitete. Sie *wollten* sich unbedingt artikulieren, doch es gelang ihnen nicht.

Wenn du auf der Wellenlänge des Heiligen Geistes bist, ist es sehr einfach, in einer solchen Situation zu erkennen, daß ein Dämon am Werk ist. Und sobald du diesen im Namen Jesu ausgetrieben hast, ist das Problem behoben.

In Vers 34 wird von der für sie typischen Reaktion der Pharisäer auf die Handlungsweise des Herrn berichtet. Sie behaupteten nämlich, Jesus sei nur deshalb fähig gewesen, den bösen Geist auszutreiben, weil Er gemeinsame Sache mit dem Obersten der Dämonen mache.

Anschuldigungen

Wie du weißt, haben sich die Menschen in den vergangenen 2000 Jahren nicht sehr verändert. Als Gott mir Seinen Wunsch eröffnet hatte, daß ich Besessene freisetzen solle, mißfiel etlichen dieses Vorhaben. Es war ihnen peinlich, denn eine Dämonenaustreibung kann sehr geräuschvoll und unkoordiniert ablaufen und mit einigen Störfaktoren verbunden sein. Sie dagegen erwarteten von mir nette, ruhige Gottesdienste, bei denen sich nichts Unvorhergesehenes ereignete. Doch was blieb mir übrig? Es gibt so viele gebundene und bedrückte Menschen, und ich hatte nicht vor, sie links liegen zu lassen. Außerdem hatte mir der Herr aufgetragen, „Tu es!", und deshalb hatte ich gar keine andere Wahl.

Manche empörten sich so sehr über meine Handlungsweise, daß sie genau dieselbe Anschuldigung gegen mich vorbrachten wie die Pharisäer gegen Jesus. Sie behaupteten, ich wäre selbst von Dämonen besessen.

Darauf erwiderte ich: „Okay, wenn ich Dämonen in mir habe, dann helft mir bitte, sie loszuwerden. Treibt sie aus mir aus!"

Aber daran hatte niemand Interesse.

Ein weiterer Anlaß, bei dem Jesus sowohl einem Dämon wie auch den Pharisäern in die Quere kam, wurde in Matth. 12 festgehalten. Dieses Mal wurde ein besessener Mann, der blind und stumm war, zum Herrn gebracht. Auch in diesem Fall trieb Er den Dämon aus, und sofort war der Betroffene von seinem Leiden befreit. Die Zuschauer, die ganz gewöhnliche Leute waren, waren so beeindruckt von dem Vorfall, daß Stimmen laut wurden, die die Vermutung äußerten, Jesus sei der lang ersehnte Messias. Nicht so die Pharisäer! Sie zogen vielmehr erneut den Schluß, Jesus müsse in irgendeiner Weise mit Belzebub (ein weiterer Name Luzifers) unter einer Decke stecken.

Und der Herr, der ihre Gedanken erkannt hatte, machte sie darauf aufmerksam, daß ein Haus, das mit sich selbst entzweit ist, nicht bestehen kann (Matth. 12, 25). Wenn Luzifer selbst die Dämonen aus den Besessenen austreiben würde, würde er am Zusammenbruch seines eigenen Reiches arbeiten.

Trägt ein Dienst der Befreiung zum Wohl der Menschen bei? Absolut, denn dadurch wird das Leben einzelner Personen grundlegend verändert. Alkoholiker und Drogensüchtige werden von ihrer Abhängigkeit befreit, sobald die Dämonen ausgetrieben werden, die sie kontrolliert haben. Und andere werden von allen möglichen Belastungen befreit, die sie jahrelang gequält haben. Luzifer dagegen hilft niemandem! Deshalb ist es völlig absurd zu denken, daß er in irgendeiner Weise für die Austreibung von Dämonen verantwortlich zu machen ist.

Worauf es mir an dieser Stelle jedoch ankommt ist, dich darauf vorzubereiten, daß einige Menschen dich mit verleumderischen Anklagen angreifen werden, wenn du anfängst, gegen Dämonen zu kämpfen. Manche Leute werden dein Handeln nicht verstehen, und sie werden alle nur erdenklichen Anschuldigungen gegen dich vorbringen. Das kann ich dir versichern!

Salbung

Ein Grund dafür ist, daß die Salbung zur Befreiung intensiver, harscher und militanter ist als die Heilungs-Salbung. Diese Salbung führt dich mitten in eine Kampfsituation hinein. Lasse dich nicht beirren: Befreiung bedeutet Krieg! Manchen Leuten wäre es lieber, wir würden so tun, als ob wir uns nicht in einem Krieg befinden würden - doch wir stecken mittendrin!

Während verschiedener Evangelisationen habe ich für Menschen gebetet, die schon 10 oder 15 Jahre lang von Dämonen gebunden waren. Und als ich für sie betete, fingen sie an zu beben und zu zucken. Ihr Pastor, der den ganzen Vorfall beobachtete, dachte: *Ich habe doch auch schon für diese Person gebetet. Warum ist nichts derartiges geschehen, als ich gebetet habe?* Nun, der Pastor hatte Gott nicht darum gebeten, ihm eine Salbung zur Befreiung zu geben. Vielleicht wollte er auch gar keine solche Salbung, weil er sich nicht wie ein Narr gebärden wollte. Wenn du jedoch Menschen freisetzen willst, muß es dir gleichgültig sein, wie du auf andere wirken magst!

Jesus hat sich um Seine Würde keine Sorgen gemacht, und Er war der Sohn Gottes. Wenn Ihn solche Dinge gestört hätten, hätte Er niemals zugelassen, daß Er in einem Stall geboren wurde. Er hätte sich auch niemals mit Prostituierten oder Steuereintreibern abgegeben. Doch Er hat sich sozusagen in die Gosse begeben, weil Er wußte, daß dort die notleidenden Menschen anzutreffen waren - diejenigen, die *wußten*, daß sie Seine Hilfe brauchten. Wenn wir das gesamte Matthäus-Evangelium lesen, stoßen wir in Kapitel 15 auf die nächste Konfrontation zwischen dem Herrn und dämonischen Mächten:

Matth. 15, 22-28
„...und siehe, eine kanaanäische Frau, die aus jenem Gebiet hervorkam, schrie und sprach: Erbarme dich meiner, Herr, Sohn Davids! Meine Tochter ist schlimm besessen. Er aber antwortete ihr nicht ein Wort. Und seine Jünger traten herzu und baten ihn und sprachen: Entlaß sie, denn sie schreit hinter uns her. Er aber antwortete und sprach: Ich bin nur gesandt zu den verlorenen Schafen des Hauses Israel. Sie aber kam und warf sich vor ihm nieder und sprach: Herr, hilf mir! Er antwortete und sprach: Es ist nicht schön, das Brot der Kinder zu nehmen und den Hunden hinzuwerfen. Sie aber sprach: Ja, Herr; doch es essen ja auch die Hunde von den Krumen, die von dem Tisch ihrer Herren fallen. Da antwortete Jesus und sprach zu ihr: O Frau, dein Glaube ist groß. Dir geschehe, wie du willst! Und ihre Tochter war geheilt von jener Stunde an."

Autorität

Aus der Schrift geht nicht hervor, wie alt die Tochter dieser Frau war, doch aufgrund meiner Erfahrung würde es mich nicht über-raschen, wenn sie sieben oder acht Jahre oder sogar jünger ge-wesen wäre. Du weißt, daß Eltern dafür verantwortlich sind, ihren Kindern zu helfen und sie gegebenenfalls freizusetzen. Wenn du nicht die Autorität über deine Sprößlinge behältst und ihnen bei-bringst, wie sie für den Herrn leben können, solange sie her-anwachsen, werden Dämonen die Situation ausnutzen und ihren Einfluß auf sie ausüben.

Aus diesem Grund berichten die Zeitungen darüber, daß 12- oder 13jährige ihre Eltern oder Nachbarn ermorden und anschließend keinerlei Reue zeigen.

Es ist noch nicht allzulange her, als ich zu Hause zufällig eine der derzeit beliebtesten TV-Talkshows einschaltete. Das Thema dieser Sendung waren Kinder, die ihren Eltern großen Kummer bereitet hatten. Im Studio saßen Eltern und Kinder und unterhielten sich über all die schrecklichen Dinge, die sie durchgemacht hatten.

Einige Zuschauer im Publikum waren schnell dabei, den Eltern die Schuld für das Fehlverhalten ihrer Kinder zuzuschieben. Sie sagten unter anderem: „Wenn Sie ihre Kinder gelegentlich diszipliniert hätten, wäre es niemals soweit gekommen!"

Eine der anwesenden Mütter wurde angesichts solcher Anklagen besonders ärgerlich.

„Sie haben ja keine Ahnung, wie oft ich mein Kind gemaßregelt habe", verteidigte sie sich. „Wie oft habe ich es bestraft und ihm den Hintern versohlt, und mein Kind hat sich trotzdem nicht gebessert. Ich habe alles nur Erdenkliche getan, damit es sein Verhalten ändert."

Ich bezweifle nicht im geringsten, daß diese Frau die Wahrheit sagte. Aber sie wußte nichts von göttlicher Erziehung. Ich erkannte außerdem, daß einige der Kinder, die zu dieser Sendung einge-laden worden waren so boshaft gehandelt hatten, weil sie böse Geister in sich hatten. Es war ganz offensichtlich. Und einen Dämon kann man durch eine Tracht Prügel nicht im geringsten ein-schüchtern oder vertreiben.

In einer derartigen Situation ereignet sich folgendes: Der Dämon stiftet das Kind zu einer Tat an, die es in Schwierigkeiten bringt. Es kann sein, daß das Kind dabei völlig außer Kontrolle gerät und anschließend gar nicht mehr weiß, was es getan hat. Und wenn das Kind dann eine Tracht Prügel bekommt, zieht sich der Dämon lachend aus der Affäre, und das Kind muß allein den Schmerz erdulden. Dadurch wird das Kind nur noch mehr geschädigt.

Den Kindern in dieser Talk-Show hätte nur jemand helfen können, der ihnen im Namen Jesus gedient hätte - jemand, der Autorität über die bösen Geister in diesen Kindern genommen und sie ausgetrieben hätte.

Momentan liest man sehr viel über Kindesmißhandlung, und ich meine, es handelt sich hier um ein schreckliches Problem in unserer Gesellschaft. Doch meistens wird es durch Dämonen verursacht, die Kinder in Besitz genommen haben und dann deren Eltern quälen und tyrannisieren bis diese schließlich die Selbstbeherrschung ver-lieren und ihre im Grunde unschuldigen Kinder mißhandeln. Es ent-spricht ebenfalls den Tatsachen, daß für Kindesmißhandlung oft-mals Geister der Tobsucht, des Zorns und der Bitterkeit ver-antwortlich sind, die sich in den Eltern eingenistet haben.

Auch hier muß ich folgendes klarstellen: Ich will damit nicht zum Ausdruck bringen, daß jeder Fall von Kindesmißhandlung auf das Werk böser Geister zurückzuführen ist. Manche Eltern machen sich selbst schuldig, weil sie sich ihren Kindern gegenüber böse und verletzend verhalten. Doch in vielen, vielen solcher Fälle sind Dämonen im Spiel.

Gelegentlich wird mir die Frage gestellt: „Glaubst du wirklich, daß ein kleines Kind von einem bösen Geist besessen sein kann?"

Jawohl, davon bin ich überzeugt! Ich glaube es, weil ich es mit eigenen Augen gesehen habe.

Und eine derartige Situation kann sehr verwunderlich sein!

Kleine Jungen in niedlichen Anzügen, nett frisiert, die wie ein Gentlemen in Miniatur-Ausgabe aussehen, und auch Mädchen mit Schleifen in ihren Haaren in hübschen Kleidchen, die wie zerbrechliche Porzellanpüppchen erscheinen, stellen sich in die Gebetsreihe.

Doch sobald ich ihnen die Hände auflege, fangen sie an zu knurren, zu stöhnen und zu zucken, weil die Dämonen sich weigern, sie zu verlassen. Liebe Eltern, eure Kinder sind gegenüber dämonischen Attacken nicht immun, und ich sage dies nicht, um euch zu ängstigen. Ich mache euch darauf aufmerksam, weil ihr euch dieser Tatsache bewußt sein müßt.

Ich kann mich noch sehr gut an einen Vorfall in Minneapolis erinnern. Ich erhielt einen Anruf von einer Frau, die mich fragte, ob sie mit ihrer Tochter vorbeikommen könne, damit ich für sie bete. Sie erklärte mir, daß ihre Tochter manchmal Tobsuchtsanfälle bekäme und mit den Fäusten auf sie einschlagen und Gegenstände nach ihr werfen würde.

Ich ging davon aus, daß hier die Rede von einem Teenager war, und deshalb war ich überrascht, als die Mutter schließlich mit einem kleinen Mädchen bei mir erschien, das nicht älter als 10 Jahre war. Vermutlich war sie sogar noch jünger. Sie kamen zum ersten Mal an einem Sonntagmorgen, an dem ich predigte, zum Gottesdienst. Ich erkannte sie sofort. Das kleine Mädchen war während der gesamten Veranstaltung nervös und zappelig, und dabei handelte es sich nicht um die „Energie", die Kinder gewöhnlich besitzen. Sie stand immer wieder auf, setzte sich hin, stand wieder auf und ging etliche Male während des Gottesdienstes zur Toilette.

Als ihre Mutter sie schließlich nach vorne gebracht hatte, damit ich für sie betete, legte ich ihr die Hände auf. Und augenblicklich fing sie an zu schreien und mit den Füßen nach mir zu treten. Sofort rannten einige Saalordner nach vorne, um mir zu helfen, doch sie kamen zu spät! Ich hatte bereits einen nicht zu verachtetenden Tritt gegen mein Schienbein bekommen!

Nachdem wir die Situation in den Griff bekommen hatten, konnte ich Autorität über die Dämonen in dem kleinen Mädchen ausüben und sie durch die Kraft und den Namen Jesu aus ihr austreiben. Und als dieses Mädchen an jenem Tag die Gemeinde verließ, lächelte sie und war glücklich. Sie verhielt sich wie das süßeste kleine Mädchen, das man je gesehen hat. Am selben Morgen noch hatte sie sich vor der Kanzel aufgeführt wie eine boshafte Hexe, und nun spazierte sie wie ein kleiner Engel aus der Gemeinde hinaus! So hatte der Herr an ihr gewirkt.

Wenn du einen Dienst der Befreiung ausführen möchtest, wirst du Fälle, wie ich sie beschrieben habe, nicht umgehen können. Erlaube niemals, daß ein Kind von dir weggeht und immer noch gebunden ist. Doch gleichzeitig haben die Eltern die Pflicht, die göttliche Autorität über ihre Kinder zu behalten, damit die Dämonen, die ausgetrieben wurden, nicht wieder zurückkommen können.

Eine weitere Tatsache, die uns der Bericht über die kanaanäische Frau lehrt, ist, daß in Jesus' Augen das „Brot der Kinder" auch Befreiung beinhaltet. Sie ist ein Grundelement des Evangeliums. Ich habe Aussagen gehört wie: „Mit Befreiung habe ich nichts zu tun!" Nun, wenn du dich von Befreiung distanzierst, dann bist du von den fundamentalen Inhalten des Evangeliums abgerückt. Der Umgang mit Dämonen, die Freisetzung von Gefangenen, sollte eine der Prioritäten des christlichen Glaubens sein. Jedes Mitglied deiner Gemeinde - vom Teenager bis zum Greis - sollte geschult werden, wie man Dämonen austreibt.

Kontrolle durch Christus

An diesem Punkt möchte ich noch auf zwei weitere Ereignisse im Leben Christi eingehen. Das erste findet man im 1. Kapitel des Markus-Evangeliums. Jesus befand sich am Sabbat in Kapernaum, wo Er in die Synagoge ging und lehrte. Und die Bibel sagt, daß die Anwesenden sehr erstaunt darüber waren, mit welcher Vollmacht Er zu ihnen redete. In anderen Worten ausgedrückt, Er machte ihnen die Schriften lebendig. Es war nicht zu übersehen, daß Er wußte, wovon Er sprach.

Unter den Gläubigen in der Synagoge befand sich ein Mann, der einen unreinen Geist hatte. Und dieser schrie plötzlich dazwischen: *„Was haben wir mit dir zu schaffen, Jesus, Nazarener? Bist du gekommen, uns zu verderben? Ich kenne dich, wer du bist: der Heilige Gottes"* (Mark. 1, 24).

Nun stelle dir einmal vor, wie eine derartige Szene heute ablaufen würde. Dieser Mann würde in der Gemeinde sitzen, den Arm um seine hübsche Frau zur Linken gelegt, und seine beiden braven Kinder rechts von ihm. Und völlig unerwartet würde er ausrufen: „Laß uns in Ruhe, Jesus! Laß uns zufrieden!" Während der Gottesdienst in vollem Gange ist, würde er lauthals losbrüllen. Seine Frau und der Großteil der übrigen Anwesenden hätten sich wahrscheinlich zu Tode erschreckt.

Was aber hat Jesus getan? Rief Er die Ordner zu Hilfe und gab ihnen die Anweisung, den betreffenden Herrn hinauszubegleiten, weil er den Ablauf des Gottesdienstes störte? Nein. Jesus befahl dem bösen Geist, aus dem Mann auszufahren, und es heißt: Der

Dämon *„rief mit lauter Stimme und fuhr von ihm aus"*. Die Luther-Übersetzung sagt an dieser Stelle, *„der unsaubere Geist... schrie laut..."* (Mark. 1, 26).

Jesus machte in dieser Situation Gebrauch von Seiner Autorität, trieb mit wenigen, einfachen Worten den Dämon aus und fuhr dann mit Seiner Lehre fort.

Was ich dir anhand dieser Begebenheit aufzeigen möchte ist, daß Jesus die Kontrolle nicht aus der Hand gegeben hat. Er ließ es dem Dämon nicht zu, daß er eine große Show veranstaltete, um die Aufmerksamkeit der Gläubigen, die Gott anbeteten, auf sich zu ziehen. Er setzte sich mit dem vorhandenen Problem direkt und so einfach wie möglich auseinander. Und genau so sollen auch wir uns unter entsprechenden Umständen verhalten, wenn wir Ihm nachfolgen wollen. Nun, es kann vorkommen, daß besessene Menschen schreien, nach uns treten und kämpfen werden. Trotzdem müssen wir uns so schnell wie möglich mit ihnen auseinandersetzen, im besonderen, wenn sich ein solcher Vorfall während eines Gottesdienstes ereignet, um unser eigentliches Ziel weiter verfolgen zu können, nämlich Gott anzubeten und von Seinem Wort zu lernen.

Eine weitere Tatsache, auf die ich aufmerksam machen möchte ist, daß Dämonen auf die Gegenwart Gottes reagieren. Der böse Geist, von dem in Mark. 1 die Rede ist, mußte sich angesichts der Autorität Christi zu erkennen geben, und da wir Seine Repräsentanten und mit dem Heiligen Geist erfüllt sind, müssen wir damit rechnen, daß sich Dämonen auch in unserer Gegenwart manifestieren.

Ich, beispielsweise, lebe in Südkalifornien nicht weit von einem Ort entfernt, an dem es von den verschiedensten Dämonen wimmelt. Damit meine ich Hollywood im allgemeinen, und den „Sunset Strip" im besonderen. Jeder von neuem geborene, geistgefüllte Christ, der nachts den „Sunset Strip" entlanggeht, wird dort alle möglichen dämonischen Manifestationen beobachten können. Einige Personen werden dich grundlos anstarren, während andere die Flucht vor dir ergreifen werden. Andere dagegen werden dich anschreien ohne zu wissen, warum sie sich so verhalten, doch der Grund ist, daß sie Dämonen in sich haben, die auf den Geist Gottes und Seine Autorität in dir reagieren.

Vor Jahren wurden einige Leute, die zu meinen Veranstaltungen gekommen waren sehr ärgerlich auf mich, weil die Befreiungssalbung so stark wurde, daß sich überall im Saal Dämonen zu erkennen gaben. Etliche behaupteten daraufhin, ich würde die Anwesenden zur Raserei bringen oder sie dazu bewegen, sich zu verhalten, als ob sie eine Freisetzung erleben würden. Doch das war keineswegs der Fall! Die Wahrheit war, daß die Dämonen die Autorität nicht ertragen konnten und sich offenbaren mußten. Denke nicht, daß jemand, nur weil er in der Gemeinde sitzt, nicht unter dem Einfluß eines Dämons stehen kann, denn das ist nicht wahr! Obwohl ich es hasse, muß ich sagen, daß die Gemeinde oftmals der sicherste Ort für einen Dämon ist, der sich verbergen will. Es gibt zu viele Gemeinden, die nicht an den Dienst der Befreiung glauben. Einige glauben nicht einmal an die Existenz von bösen Geistern. Und man kann jemand nicht von etwas befreien, an das man gar nicht glaubt. Solche Leute tun im Grunde genommen nichts anderes, als den Betroffenen zu erklären: „Es tut mir leid, aber ich kann dir nicht helfen, denn meiner Meinung nach fehlt dir gar nichts." Welch eine Tragödie!

Wenn die Pastoren die biblischen Wahrheiten über Befreiung studieren würden, wenn sie sich intensiv mit allen Schriftstellen befassen würden, die sich auf die Austreibung von Dämonen beziehen, und wenn sie Gott um eine Salbung zur Befreiung bitten würden... nun, dann würde eine der größten Erweckungen aller Zeiten die ganze Nation erfassen. Davon bin ich zweifellos überzeugt.

Zum Sieg bereit

Bevor ich zum nächsten Punkt übergehe, möchte ich noch eine Konfrontation zwischen Jesus und dämonischen Mächten zur Sprache bringen, von der in Mark. 9 berichtet wird.
Nach Seiner Verklärung war der Herr wieder vom Berg zurückgekehrt. Petrus, Jakobus und Johannes hatten Ihn begleitet. Als sie schließlich die übrigen neun Apostel erreicht hatten, waren jene von einer großen Menschenmenge und etlichen Schriftgelehrten umringt, die mit ihnen stritten.

Als die Menschen Jesus entdeckten, rannten sie sofort zu Ihm, und einer der Männer erklärte dem Herrn, was der Grund für den Aufruhr war. Er hatte seinen dämonenbesessenen Sohn zu den Aposteln gebracht und sie gebeten, den bösen Geist aus ihm auszutreiben. Doch sie waren nicht dazu in der Lage gewesen.

Markus 9, 17-19
„Lehrer, ich habe meinen Sohn zu dir gebracht, der einen stummen Geist hat; und wo er ihn auch ergreift, zerrt er ihn zu Boden, und er schäumt und knirscht mit den Zähnen und wird starr. Und ich sagte deinen Jüngern, daß sie ihn austreiben möchten, und sie konnten es nicht. Er aber antwortete ihnen und spricht: O ungläubiges Geschlecht! Bis wann soll ich bei euch sein? Bis wann soll ich euch ertragen? Bringt ihn zu mir!"

Jesus fragte den Mann, wie lange sein Sohn schon von diesem Geist gequält wurde. Und der Vater berichtete Ihm, daß sein Junge von Kindheit an mit diesem Problem behaftet war. Stell dir das Leid vor, das der arme Junge und seine Eltern durchgemacht haben müssen. Der geplagte Vater berichtete Jesus, daß der Dämon seinen Sohn des öfteren ins Wasser oder sogar ins Feuer geworfen hatte. Erkennst du die selbstzerstörerische Kraft dieses bösen Geistes? Er war so gewalttätig, daß er seine menschliche Be-hausung durch aufgezwungenes Verhalten zur Selbstzerstümme-lung, ja nahezu zum Selbstmord brachte. Dieser Dämon hatte nur ein einziges Ziel: Er wollte seinem Zorn und seiner Abscheu vor dem menschlichen Geschlecht Ausdruck verleihen.

In Vers 20 heißt es: *„...Und als der Geist ihn* (Jesus) *sah, zerrte er ihn* (den Jungen) *sogleich; und er fiel zur Erde, wälzte sich und schäumte."*

Hier wird sehr treffend eine Form dämonischer Manifestation beschrieben, die zu erwarten ist, wenn jemand unter der Kontrolle eines bösen Geistes steht. Nachdem, was ich selbst schon in dieser Hinsicht erlebt habe, kann ich sagen, daß dieser Vers der Bibel das Verhalten eines Besessenen am besten beschreibt. Wenn du dich mit Dämonen auseinandersetzt wirst du auf derartiges, für Besessene typisches Benehmen stoßen. Es kann zunächst furchterregend wirken, doch Gott wird dir den Mut und die Kraft geben, dein Vorhaben zu Ende zu bringen. Wenn ich meinem natürlichen Denken folgen würde, würde ich mich so schnell wie möglich aus einer solchen Affäre ziehen, doch mein Geist ist so verankert in Gott, daß er mich an Ort und Stelle hält, bis ich meine Aufgabe er-ledigt habe und der Dämon ausgetrieben ist.

Den weiteren Verlauf dieser Begebenheit erfahren wir in den Versen 25-27:

"Als aber Jesus sah, daß eine Volksmenge zusammenläuft, bedrohte er den unreinen Geist und sprach zu ihm: Du stummer und tauber Geist, ich gebiete dir: Fahre von ihm aus, und fahre nicht mehr in ihn hinein! Und er schrie und zerrte (ihn) heftig und fuhr aus; und er wurde wie tot, so daß die meisten sagten: Er ist gestorben. Jesus aber nahm ihn bei der Hand, richtete ihn auf, und er stand auf."

Du kannst dir sicherlich vorstellen, wie sich die Apostel gefühlt haben mußten. Sie schämten sich und waren peinlich berührt. Sie waren nicht fähig gewesen, dem armen, kleinen Jungen zu helfen. Sie hatten zwar versucht, den Dämon aus ihm auszutreiben, doch dieser hatte sie nur ausgelacht: „Es tut mir leid, Jungs... ihr könnt machen, was ihr wollt, aber ich werde das Feld nicht räumen!"

Als jedoch Jesus auf der Bildfläche erschien, mußte sich der Dämon sofort Seiner Autorität beugen. Und der Junge war augenblicklich frei.

Nun wollten die Apostel natürlich wissen, was sie falsch gemacht hatten. Warum hatte der böse Geist sich geweigert, ihnen zu gehorchen?

Und der Herr beantwortete ihre Frage, indem Er ihnen erklärte, daß diese Art von Dämonen nur durch Gebet und Fasten auszutreiben sei.

Damit wollte Jesus ausdrücken, daß man sich zu bestimmten Zeiten auf eine Konfrontation vorbereiten muß. Ich glaube, daß wir Christen jeden Tag unseres Lebens für einen Kampf gerüstet sein sollten. Wir sollten viel Zeit damit verbringen zu beten, in der Bibel zu lesen, über das Wort Gottes nachzusinnen und Gemeinschaft mit anderen Gläubigen zu haben. Wir sollten alles Erforderliche tun, um unsere geistliche Kraft zu behalten.

Doch unter bestimmten Umständen wird es notwendig sein, daß wir noch zusätzliche Mühe aufwenden. Es kann beispielsweise der Fall sein, daß wir für eine gewisse Konfliktsituation beten *und* fasten müssen.

Wie können wir wissen, wann eine spezielle Vorbereitung angebracht ist? Gott wird es uns zeigen. Wenn du mit Seinem Geist in Einklang bist, wirst du erkennen, was der Herr dir sagen will, und du wirst gegen die Umstände, die auf dich zukommen, gewappnet sein. Aus diesem Grund ist es so wichtig, daß du dich so häufig wie möglich dem Gebet widmest. Und ich meine damit nicht nur, daß du mit Gott redest. Es ist ebenso wichtig, daß du Ihm zuhörst, um herauszufinden, was Er dir zu sagen hat.

Wenn du die Evangelien liest wirst du feststellen, daß Jesus sehr viel Zeit aufwandte, um zu beten. Oftmals ging Er zu diesem Zweck auf einen Berg oder an einen anderen abgelegenen Ort, an dem Er mit Seinem himmlischen Vater allein sein und die ganze Nacht beten konnte. Und sicherlich hat Jesus nicht nur die ganze Zeit ge-redet, sondern Er hat auch zugehört. Manchmal saß Er bestimmt nur da und genoß die Gemeinschaft mit Seinem Vater, die Zweisamkeit mit Ihm als Seinem Freund.

Warst du schon einmal einer Stille ausgesetzt, in der du dich unbehaglich gefühlt hast? Vielleicht warst du in der Gesellschaft einer Person, die du nicht sehr gut kanntest, und du wußtest nicht, über was du dich mit ihr unterhalten solltest. Aus diesem Grund entstand ein peinliches Schweigen, während du in Gedanken verzweifelt nach einem interessanten Gesprächsthema gesucht hast. Eine solche Situation ist sehr anstrengend, nicht wahr?

Auf der anderen Seite gibt es eine tiefe Schweigsamkeit, die sich zwischen vertrauten Freunden entwickelt. Mit einem solchen Menschen kannst du zusammen sein, ohne daß lange Zeit gesprochen wird. Und trotzdem ist alles in Ordnung, weil ein gegenseitiges Verständnis besteht, daß jedes Wort überflüssig macht. Man kann sich in der Nähe des anderen aufhalten, ihn lieben und gemeinsam still sein. Eine derartige Beziehung sollten wir auch zu unserem himmlischen Vater aufbauen. Wir müssen lernen, bei Ihm zu verweilen, uns bei Ihm auszuruhen und uns durch die Freude und den Frieden, die in Seiner Heiligen Gegenwart vorherrschen, dienen zu lassen. Wenn du diese Erfahrung noch nicht gemacht hast, dann tut mir das sehr leid für dich, denn Seine Nähe auf diese Weise zu genießen, ist eine der unglaublichsten und schönsten Erfahrungen. Sie ist eine Quelle der Kraft, der Weisheit, des Friedens und der Freude. Auf diese Weise kann sich ein Christ auf die Widerstände, mit denen er in der Welt konfrontiert wird, vorbereiten.

Christus hat unzählige Stunden mit Seinem Vater verbracht, um sich für die Schlachten ausrüsten zu lassen, denen Er ausgesetzt war - und auch für Seinen Tod durch die römischen Soldaten.

Du kannst nicht gegen die Mächte der Hölle in den Kampf ziehen, wenn du dich nicht darauf vorbereitet hast.

Im Verlauf meines Dienstes bin ich mit allen erdenklichen dämonischen Erscheinungen und Manifestationen konfrontiert worden. Ich habe gesehen, wie Menschen Schaum aus dem Mund geflossen ist, wie sie gefallen und auf dem Boden herumgekrochen sind, und ich habe miterlebt, wie manche geknurrt haben. Andere fielen um wie tot. Ich habe sogar einige beobachtet, die bellten wie Hunde.

Doch ich habe mich dadurch niemals aufhalten lassen. Ich war niemals vor Schreck oder Erstaunen gelähmt, weil ich jedesmal darauf vorbereitet gewesen war und von Gott gebraucht werden wollte.

Manchmal ist der Dämon, der ausgetrieben wird, so stark, daß sich der Körper der betreffenden Person völlig verkrampft. Ich konnte bei bestimmten Gelegenheiten regelrecht spüren, wie der böse Geist sich durch den Körper der Person bewegte, als ich für sie betete.

Ich habe auch schon erlebt daß der, der freigesetzt worden war, durch die damit einhergehende Prozedur anschließend so geschwächt war, daß er sich für einige Zeit ins Bett legen mußte. Der Grund dafür war, daß in seinem Körper ein großer Kampf stattgefunden hatte, bei dem eine starke Fremdmacht herausgetrennt worden war.

Einmal, aber nur ein einziges Mal, ist es sogar vorgekommen, daß der Mann, für den ich betete, durch die dämonische Gewalt leicht verletzt wurde, die ihn verlassen mußte. Er begann im Verlauf der Befreiung am Mund zu bluten.

Warum berichtete ich von all diesen Vrokommnissen? Ich möchte dir helfen, dich auf den Kampf vorzubereiten. Wir müssen diesen Krieg gewinnen, und um zu siegen, müssen wir auf alle Widerstände des Feindes gefaßt sein. Aus diesem Grund ist es so wichtig, daß wir uns damit auseinandersetzen, wie der Herr mit Dämonen um-gegangen ist.

Ein weiterer, bedeutender Aspekt, den wir ins Auge fassen sollten, folgt im nächsten Kapitel. Wir werden uns damit befassen, wie die Urgemeinde auf die Gewalt Satans reagiert hat.

5
Die Pforten der Hölle werden sie nicht überwältigen

Jesus Christus sagte: „*...und die Pforten der Hölle sollen sie* (die Gemeinde) *nicht überwältigen*" (Matth. 16, 18; nach Luther)

Diese Aussage wird gelegentlich mißverstanden. Es genügt, den Inhalt dieses Verses etwas zu verdrehen, so daß das Bild entsteht, die *Pforten der Gemeinde* seien stark genug, den Attacken der finsteren Mächte standzuhalten. Auf diese Weise haben einige Gläubige die Einstellung entwickelt, die Gemeinde sei eine Art Festung, die Sicherheit und Schutz vor jeglichen Anschlägen und Attacken der satanischen Heerscharen bietet.

Doch diesen Eindruck wollte Jesus nicht vermitteln. Im Gegenteil, Er wollte vielmehr zum Ausdruck bringen, daß die Gemeinde offensiv gegen die Mächte der Bosheit vorgeht. Wenn ich mir diese Aussage bildhaft vorstelle, sehe ich eine Gruppe von Menschen, die gegen die Stadttore der Hölle anrennt und sie zum Einstürzen bringt, um dann diejenigen, die darin gefangen gehalten werden, zu befreien.

Diese Tatsache ist so bedeutend, daß ich sie gar nicht genügend betonen kann. *Wir* sind diejenigen, die sich in der Offensive befinden. Wir sind es, die die Dämonen in die Flucht schlagen - nicht umgekehrt!

Bei der Gemeinde des 1. Jahrhunderts war dies der Fall, und so sollte es auch heute noch sein!

Wenn du die Apostelgeschichte liest, wirst du feststellen, daß die Urgemeinde selbst nach der Auferstehung unseres Herrn und Seiner Rückkehr zum Vater in den Himmel - und sogar nach der Ausgießung des Heiligen Geistes an Pfingsten - weiterhin gegen dämonische Gewalten kämpfte. Das ist sehr wichtig, denn es gibt Christen, die davon überzeugt sind, daß alle Dämonen durch die Auferstehung Jesu restlos vernichtet wurden. Nein, sie sind nicht ausgemerzt worden! Sie sind zwar besiegt, aber nicht ausgelöscht worden. Darin besteht der entscheidende Unterschied. Sie *werden* vernichtet werden, doch das wird erst geschehen, wenn Jesus zurückkehrt, um Sein Königreich hier auf der Erde zu errichten. Andere Christen glauben, daß jegliche dämonische Macht von diesem Planeten weggefegt worden sei, als der Heilige Geist an Pfingsten in Seiner ganzen Fülle ausgegossen wurde. Doch auch sie irren sich!

Einige Leute haben tatsächlich versucht mir zu erklären, daß nach dem Erlösungswerk des Herrn am Kreuz von Golgatha eine dämonische Manifestation nicht mehr möglich sein könne. Doch jeder, der eine solche Behauptung aufstellt, hat offensichtlich weder die

Apostelgeschichte aufmerksam gelesen noch Augen dafür, was sich in der Welt abspielt.

Mein Punkt ist: Wenn die Gläubigen der Urgemeinde sich mit Dämonen auseinandersetzen mußten - und sie mußten es, dann müssen auch wir davon ausgehen, daß wir mit bösen Geistern konfrontiert werden. Und das ist unumgänglich!

In Apg. 8, 7 beispielsweise wird berichtet, daß von vielen Besessenen in Samaria unreine Geister ausfuhren, die laut schrien, während Philippus das Wort Gottes predigte.

Ich bin schon gefragt worden, warum manche Dämonen schreien, wenn sie gezwungen werden, den Körper ihrer menschlichen Behausung zu verlassen. Sie schreien, weil sie sich vor der Autorität fürchten, die sich gegen sie erhebt. Sie wollen nicht gehen. Und sie wissen, daß ihre Vernichtung bevorsteht.

In Apg. 13 ist festgehalten, was Barnabas und Paulus in Paphos auf der Insel Cypern widerfuhr:

Apg 13, 6-11
„Als sie aber die ganze Insel bis Paphos durchzogen hatten, fanden sie einen Mann, einen Magier, einen falschen Propheten, einen Juden, mit Namen Bar-Jesus, der bei dem Prokonsul Sergius Paulus war, einem verständigen Mann. Dieser rief Barnabas und Saulus herbei und begehrte das Wort Gottes zu hören. Elymas aber, der Zauberer - denn so wird sein Name übersetzt -, widerstand ihnen und suchte den Prokonsul vom Glauben abwendig zu machen. Saulus aber, der auch Paulus (heißt), blickte, mit Heiligem Geist erfüllt, fest auf ihn hin und sprach: O du, voller List und aller Bosheit, Sohn des Teufels, Feind aller Gerechtigkeit! Willst du nicht aufhören, die geraden Wege des Herrn zu verkehren? Und jetzt siehe, die Hand des Herrn ist auf dir! Und du wirst blind sein und die Sonne eine Zeitlang nicht sehen."

Und es geschah, wie Paulus es gesagt hatte. Unmittelbar nach den Worten des Paulus wurde Elymas blind. Und er mußte an der Hand genommen und herumgeführt werden.

An dieser Stelle möchte ich einige wichtige Hinweise geben. Als Zauberer stand Elymas zweifellos unter dem Einfluß verschiedener teuflischer Mächte, und er war sicherlich bestens vertraut mit

Dämonen. Hier sind wir also Zeugen einer Begegnung mit satanischen Geistern, obwohl die Schrift dies nicht ausdrücklich erwähnt.

Zweitens solltest du beachten, daß die Bibel sagt: *„Saulus aber, der auch Paulus (heißt), blickte, mit Heiligem Geist erfüllt, fest auf ihn hin..."* (Vers 9). Die *King James*-Übersetzung lautet, „he set his eyes on him" - „er richtete seinen Blick fest auf ihn". Ich bin der Ansicht, daß in diesem Moment das geistliche Unterscheidungsvermögen von Paulus aktiv wurde, so daß er all das Böse, die Falschheit und Verkehrtheit in dem Mann erkannte.

Und zum Dritten sollten wir bemerken, daß Paulus mit dem Heiligen Geist erfüllt war. Er handelte nicht in seiner eigenen Kraft, sondern in der Macht und Stärke Gottes.

Und all diese Attribute brauchen auch wir! Wir müssen Gott um die Gabe der Unterscheidung der Geister bitten, und es ist notwendig, daß wir mit dem Heiligen Geist erfüllt sind. Wir müssen Gott völlig hingegeben sein und die Kraft und die Salbung besitzen, die mit der Taufe im Heiligen Geist einhergeht.

Bist du bis zum Überfließen mit dem Geist Gottes angefüllt? Wenn nicht, dann hast du einen dringenden Nachholbedarf. Du mußt dich Ihm hingeben und Ihn darum bitten, daß Er dich erfüllt, dir Stärke verleiht und dir all die Gaben gibt, die Er für dich vorgesehen hat.

Wollen Menschen wirklich frei sein?

In Anbetracht des Vorfalls, der sich zwischen Paulus und Elymas ereignet hat, erhebt sich eine Frage. Der Zauberer hatte zweifellos einen oder mehrere Dämonen in sich. Warum hat Paulus ihn oder sie dann nicht einfach aus ihm ausgetrieben? Warum hat er sich direkt an den Mann Elymas gewandt und sich nicht unmittelbar mit den Dämonen auseinandergesetzt, die ihre Hände im Spiel hatten? Ich sage dir, warum. Weil dieser Zauberer sich den Dämonen in seinem Leben völlig verschrieben hatte. Er wollte sie bei sich haben, denn mit ihrer Hilfe verdiente er sich durch die Zauberei seinen Lebensunterhalt.

Und du kannst wissen, daß es solche Menschen auch heute noch gibt. Sie *wollen* gar nicht befreit werden.

Damit will ich klarstellen, daß sich einige Leute rückhaltlos dem Teufel ausgeliefert haben. Sie sind nicht gegen ihren Willen von Dämonen „in Besitz" genommen worden. Sie haben ihnen freien Zutritt zu ihrem Leben gewährt, und sie wollen sie gar nicht mehr los werden. Menschen, die kein Interesse daran haben frei zu werden, können nicht freigesetzt werden. Und so verhielt es sich in dem in Paphos vorliegenden Fall!

Ein weiteres Beispiel in diesem Zusammenhang ist in Apg. 16 zu finden. Hier war ein junges Mädchen von einem „Wahrsagegeist" besessen, die Paulus und Silas auf Schritt und Tritt folgte, wobei sie ihnen ständig nachrief: *„Diese Menschen sind Knechte Gottes, des Höchsten, die euch den Weg des Heils verkündigen"* (Apg. 16, 17). Auch in diesem Fall erkannte der Dämon die Autorität des Evangeliums. Er wußte, wer Paulus und Silas waren, und bekannte es öffentlich.

Die Aussage des Mädchens war im Grunde genommen eine gute Werbung, doch ihr Verhalten ging Paulus trotzdem auf die Nerven. Überall, wo sie auch hingingen, verfolgten sie die Ausrufe der Magd. Und statt die Aufmerksamkeit der Menschen auf Paulus und Silas zu lenken, erzielte sie durch ihr Schreien die entgegengesetzte Wirkung. Zudem nahm Paulus in seinem Geist wahr, daß irgendetwas an der Sache nicht stimmte. Was das Mädchen sagte, war zwar korrekt, doch innerlich sträubte sich etwas in ihm dagegen. Obwohl die Worte richtig waren, haftete ihnen etwas Böses an. Schließlich hatte Paulus genug davon, und er befahl dem Dämon aus ihr auszufahren. Und dieser gehorchte augenblicklich.

Was geschah dann? Waren nun alle glücklich, daß das arme Mädchen, das so lange Zeit unter satanischem Einfluß gestanden hatte, endlich freigesetzt worden war?

Nicht im geringsten! Tatsächlich war das Gegenteil der Fall.
Erstens war das Mädchen eine Magd, die ihren Herren durch ihre Wahrsagerei bereits großen Gewinn eingebracht hatte. Und diese erkannten sofort, daß ihnen hier ein dicker Fisch durch das Netz ging, und darüber waren sie natürlich nicht erfreut. Sie waren sogar so erbost, daß sie die ganze Stadt gegen Paulus und Silas aufhetzten und die beiden schließlich vor die Hauptleute geführt wurden. Diese befahlen, Paulus und Silas mit Ruten zu schlagen. Nachdem

dies geschehen war, wurden sie ins Gefängnis geworfen. Und der Kerkermeister erhielt den ausdrücklichen Befehl, sie sicher zu verwahren.

Ist das nicht verrückt? Sollte man nicht meinen, daß die Einwohner die sahen, daß das Mädchen endlich frei von ihrer Besessenheit und glücklich war, Paulus und Silas bitten würden, auch für sie zu beten? Würdest du nicht auch vermuten, daß sie sagten: „Wir haben gesehen, was ihr für die Magd getan habt - könnt ihr dasselbe nicht auch für uns tun?"

Doch stattdessen brach eine Massenhysterie aus. Die Leute gerieten in Panik aufgrund dessen, was geschehen war. Und es gefiel ihnen nicht, daß „Fremde" in ihre Stadt kamen und dort „Unruhe stifteten". Deshalb endete dieser Zwischenfall für Paulus und Silas mit großen Unannehmlichkeiten.

Komme niemals auf den Gedanken, daß die Welt auf deiner Seite sein wird, wenn du die Mächte der Hölle bekämpfst. Oftmals wird sie mit derselben Intensität gegen dich kämpfen, wie es die Dämonen tun.

Doch selbst unter diesen Umständen war Gott fähig, die Situation zum Besten zu wenden. Ich werde nicht näher darauf eingehen, doch wenn du das restliche Kapitel liest wirst du erfahren, daß sich aufgrund dieses Ereignisses schließlich der Kerkermeister und sein ganzes Haus bekehrten.

Im 19. Kapitel stoßen wir auf die amüsante Geschichte über die sieben Söhne eines jüdischen Hohenpriesters die versuchten, im Namen Jesu böse Geister auszutreiben, obwohl sie Ihn überhaupt nicht kannten. Diese Burschen hatten vermutlich beobachtet wie Paulus im Namen des Herrn Dämonen ausgetrieben hatte, und sie hatten daraufhin beschlossen, ihm nachzueifern.
Eines Tages lief ihnen ein Mann über den Weg, der von einem ausgesprochen gewalttätigen Dämon besessen war, und sie beschworen den Geist *„bei dem Jesus, den Paulus predigt"*, sein Opfer zu verlassen (Apg. 19, 13).

Sie versuchten, den Namen des Herrn zu gebrauchen, als sei er ein Zauberspruch. Doch das ist er nicht! Sie hätten stattdessen ebenso gut „Hokuspokus" sagen können. Ja, ja, ja, es ist Kraft und Macht in dem Namen Jesus. Doch man kann nicht mit Seinem Namen herumspielen als sei er eine magische Formel.

Es heißt weiter, daß der besessene Mann erwiderte: *„Jesus kenne ich, und von Paulus weiß ich. Aber ihr, wer seid ihr?"* (Apg. 19, 15). Und dann sprang er auf sie los, zerriß ihre Kleidung und schlug brutal auf sie ein, *„daß sie nackt und verwundet aus jenem Haus entflohen".*

Welch ein Spektakel! Die Vorstellung, daß diese nackten Männer, so schnell sie konnten, die Straße entlangrannten und sich dabei schworen, „Das tun wir nie wieder!", bringt mich zum Schmunzeln.

Berüchtigt

Ich habe Lester Sumrall bereits an anderer Stelle erwähnt. Er ist ein Mann, den ich persönlich sehr bewundere, weil er sich nicht vor der Wahrheit fürchtet. Er scheut sich nicht davor, die Wahrheit auszusprechen ganz gleich, was andere darüber denken. Lester Sumrall hat miterlebt, wie hunderte von Menschen aus dämonischer Versklavung befreit worden sind.

Er hat mir erzählt, wie ein Dämon, den er aus einem Mann ausgetrieben hatte zu ihm sagte: „Ich weiß, wer du bist. Ich habe von dir gehört!"

Bist du in den Reihen der Dämonen bekannt? Wenn du für Gott lebst kannst du darauf wetten, daß sie bereits von dir gehört haben, weil du eine Bedrohung für sie darstellst. Wenn du dich ihrer Existenz bewußt und bereit bist, es in der Kraft und Macht Jesu mit ihnen aufzunehmen, dann kennen und fürchten sie dich! Wäre es nicht großartig, aus dem Mund eines bösen Geistes zu hören: „Ich weiß, wer du bist. Du schlägst uns überall, wo du hingehst. Du bist die Person, die bereits viele von uns bezwungen hat!"

So *kann* und *sollte* es sein.

Doch du mußt wissen, worin deine Stärke liegt. Du darfst diese Tatsachen nicht auf die leichte Schulter nehmen. Es ist keine Spielerei, gegen die boshaftesten Mächte der Hölle anzugehen. Und um ehrlich zu sein hatten die Männer, die von dem dämonenbesessenen Mann in Apg. 19 verprügelt wurden, Glück, daß sie mit dem Leben davongekommen sind. Ja, sie gaben sich eine peinliche Blöße, und sie wurden verletzt. Doch immerhin atmeten und lebten sie noch!

Bevor wir uns von dem Kampf der Urgemeinde gegen die teuflischen Mächte abwenden, möchte ich noch zwei weitere Passagen aus der Schrift ins Auge fassen. Die erste, die aus der Feder des Paulus stammt, finden wir in Eph. 6, 10-12:

„Schließlich: Werdet stark im Herrn und in der Macht seiner Stärke! Zieht die ganze Waffenrüstung Gottes an, damit ihr gegen die Listen des Teufels bestehen könnt. Denn unser Kampf ist nicht gegen Fleisch und Blut, sondern gegen die Gewalten, gegen die Mächte, gegen die Weltbeherrscher dieser Finsternis, gegen die Geister der Bosheit in der Himmelswelt."

Beachte, daß Paulus nicht sagte: „Seid schwach und verwirrt und habt wenig Glauben!" Natürlich nicht! Er ruft uns auf, unsere Autoritätsposition einzunehmen und uns dem Bösen aktiv zu widersetzen.

Gegen wen kämpfen wir?

Lies noch einmal die zitierten Verse und beachte, in welchem Zusammenhang das Wort „gegen" verwendet wird. *Gegen* wen ist unser Kampf gerichtet?

Zunächst stellt Paulus klar, daß wir nicht gegen Fleisch und Blut kämpfen. Wir ziehen gegen mehr als nur menschliche Stärke zu Felde. Es handelt sich um einen übernatürlichen Krieg, und wir streiten vor allen Dingen gegen *„Gewalten"*.
Das heißt, wir erheben uns gegen die Regenten der Bosheit - gegen Fürsten, die ihren Thron über einer bestimmten Stadt oder einer Region errichtet haben, wie wir bereits in einem der vorherigen Kapitel festgestellt haben. Wir dürfen nicht tatenlos zusehen, wie diese teuflischen Wesen unsere Gemeinden einnehmen, sondern wir müssen uns erheben und ihnen entgegentreten!

Zweitens kämpfen wir gegen die *„Mächte"*, die in unserer Welt ihr Unwesen treiben, und auch hier sind wir aufgefordert, uns ihnen in den Weg zu stellen.

Und drittens haben wir die Aufgabe, uns den *„Weltbeherrschern dieser Finsternis"* zu widersetzen. Wir stehen auf der Seite des Lichts und bekämpfen die Finsternis. Jesus hat uns dazu berufen, das „Licht der Welt" zu sein. Wir wollen deshalb im Licht leben und andere Menschen zu diesem Licht führen. Wenn du mit jemandem über Christus sprichst spürst du manchmal, daß etwas nicht in Ordnung ist. Die Person, mit der du redest, ist von der Finsternis verblendet; sie braucht Licht.

Und schließlich ziehen wir gegen *„die Geister der Bosheit in der Himmelswelt"* in die Schlacht.

Erinnere dich daran, daß es verschiedene „Himmel" gibt. In diesem Fall bezieht sich Paulus auf den Himmel, in dem sich die Dämonen aufhalten. Die *Living Bible* übersetzt: „...we are wrestling against huge numbers of wicked spirits in the spirit world" - "...wir kämpfen gegen eine große Anzahl böser Geister in der geistlichen Welt".

Und das ist die Wahrheit. Es gibt unzählige Dämonen im Universum, doch du darfst eines niemals vergessen: Wenn du die Kraft Gottes in dir hast, hat die gesamte Macht der Hölle keine Chance gegen dich! Angenommen, du befändest dich in einem kleinen Schlauchboot mitten auf dem Meer, umringt von allen Schlachtschiffen, die Luzifer aufzubieten hat. Und all seine Kanonen wären auf dich gerichtet. Die Geschosse würden dir um die Ohren fliegen, und über deinem Kopf würden Kampfflugzeuge herumschwirren. Selbst wenn sie dich bombardieren und alles in ihrer Macht Stehende versuchen würden, um dich zu zerstören, könnten Luzifers Heerscharen dir auch nicht ein einziges Haar krümmen, wenn du den Heiligen Geist an Bord hast!

Preis sei Gott für Seine Macht und Stärke, die Er durch Seine Kinder fließen läßt!

Die andere Schriftstelle, die ich anführen möchte, ist Jak. 4, 7: *„Unterwerft euch nun Gott! Widersteht aber dem Teufel, und er wird von euch fliehen."*

Hier werden zwei wichtige Wahrheiten eröffnet, wie ein Christ die Oberhand über den Teufel und seine Heerscharen erringen kann. Ordne dich erstens Gott unter! Wenn du dich Seiner Autorität unterstellst, wird Er Seine Hand schützend über dich halten, und der Teufel wird sich die Zähne bei dem Versuch ausbeißen, zu dir durchzudringen!

Aktiver, unerschütterlicher Widerstand ist die zweite Methode, wie Luzifer in die Knie gezwungen wird. Wenn er dich zu einer Tat anstiften will, von der du weißt, daß sie falsch ist, sage einfach: „Nein!" Erkläre ihm: „Ich weigere mich, auf dich zu hören, und ich werde nicht tun, was du willst. Ich breche deine Macht in Jesu Namen!"

Um wieviel besser würde es der Welt und der Gemeinde ergehen, wenn die Menschen lernen würden, wie sie dem Teufel widerstehen können.

Traurigerweise sitzen einige Leute nur herum und denken über alle möglichen Versuchungen nach. Sie überlegen und malen sich aus, was wohl geschehen würde, wenn sie ihr nur ein einziges, unbedeutendes Mal nachgeben würden. Und ehe sie wissen, wie ihnen geschehen ist, sind sie mit Haut und Haar in eine handfeste Sünde verstrickt. Und dadurch haben sie sich für den Einfluß einer ganzen dämonischen Legion geöffnet, die sich nun in ihnen einnisten kann.
Die einfachste Weise, den Teufel zu bezwingen, ist. im Namen Jesus „Nein" zu sagen. Wenn du darin konsequent bist, stärkst du deine Widerstandskraft, so daß es dir zunehmend leichter fallen wird, seinen Versuchungen zu widerstehen.

Leider haben manche Leute nicht einer einzigen Versuchung in ihrem Leben widerstanden! Im nächsten Kapitel will ich auf einige solcher Beispiele zu sprechen kommen.

6
Sieben Schritte, die zur Besessenheit führen

Manche Menschen laden Dämonen in ihr Leben ein. Sie geraten unter den Einflußbereich der Hexerei oder der Magie oder wie immer man derartige Praktiken nennen will, und sie geben sich will-lentlich Luzifer und seinen Dämonen hin. Sie malen mit Kreide Symbole auf den Fußboden, murmeln seltsame Beschwörungen und begeben sich so geradewegs unter die Kontrolle von Dämonen.

Bei anderen Personen schleichen sich Dämonen eher durch die Hintertür in ihr Leben ein. Sie verstricken sich in Sünde - sie trinken Alkohol oder nehmen Drogen, unterhalten sexuelle Kontakte zu verschiedenen Partnern und aufgrund des Lebensstils, den sie gewählt haben, geraten sie schließlich unter die Kontrolle von Dämonen, die ihren Herrschaftssitz in ihnen errichten.

Und dann gibt es noch diejenigen, die nichts Böses im Sinn haben, aber aufgrund der sieben Schritte, die ich in diesem Kapitel anführen werde, den Dämonen zum Opfer fallen.

Bevor wir jedoch auf jede dieser sieben Phasen eingehend zu sprechen kommen werden, will ich sie zunächst der Reihe nach auflisten:

1) Regression
2) Unterdrückung
3) Bedrückung
4) Depression
5) Belastung
6) Zwanghafte Leidenschaft oder Versessenheit
7) Besessenheit

Worin unterscheiden sich nun diese verschiedenen Stadien?

Regression

Unter Regression versteht man ein Zurückweichen oder eine Rückwendung. Es bedeutet auch, daß man zu einem ehemaligen Zustand zurückkehrt, die entgegengesetzte Richtung einschlägt oder auf einen untergeordneten Level umschwenkt.

Wenn jemand eine Phase der Regression durchläuft, macht er demzufolge Rückschritte. Ein Gläubiger, der zurückfällt, ist ein „lauer" Christ. Und von einem solchen sagte Jesus, daß Er ihn „*aus seinem Munde ausspeien*" wird (Offb. 3, 16).

Zu einer Regression kann es folgendermaßen kommen:

Ein Christ macht geistliche Fortschritte... er liest die Bibel, betet und verbringt viel Zeit mit dem Herrn. Eines Tages jedoch ist er zu träge um das Wort Gottes zu studieren, am nächsten Tag verzichtet er auf das Gebet, und ehe er sich dessen bewußt wird, nimmt er sich überhaupt keine Zeit mehr, um mit Gott Gemeinschaft zu pflegen. Auf diese Weise kommt sein geistliches Wachstum zunächst zum Stillstand. Dann werden seine geistlichen Muskel zunehmend schwächer und verwandeln sich in „Fettgewebe". Und wenn er diesen Punkt erreicht hat, wird er zu einer leichten Beute für Dämonen.

Um die Bedeutung einer „Regression" richtig zu verstehen ist es hilfreich, den gegenteiligen Begriff „Progression" heranzuziehen. Wenn du nicht progressiv bist, das heißt, wenn du keine Fortschritte machst, befindest du dich mit großer Wahrscheinlichkeit in einem Prozeß der Rückentwicklung, der „Regression".

Verfolge beispielsweise die Entwicklung einiger „durchschnittlicher" christlicher Gemeinden. Sie wurden irgendwann einmal im Feuer einer Erweckung gegründet. Einige entstanden auch im Zuge einer Auflehnung gegen die Korruption der traditionellen Kirche. Die gesunde Lehre der Bibel war verdreht und das Evangelium nicht mehr gepredigt worden. Und aus diesem Grund widmeten mutige Menschen ihr Leben der Aufgabe, diese Mißstände zu beseitigen. Es gab eine Zeit, in der der Geist Gottes lichterloh in jener Ge-meinde gebrannt hatte.

Und nun wirf heute einen Blick auf sie. Einige dieser Gemeinden sind geistlich tot. Sie sind nichts weiter als soziale Clubs, deren Mitglieder nicht einmal mehr wissen, warum sie am Sonntagmorgen zusammenkommen. Was ist geschehen? Zu einem bestimmten Zeitpunkt hat sich der ursprünglich progressive Trend in einen Rückschritt umgewandelt. Und heute bestehen die betreffenden Gemeinden nur noch aus einem Häufchen bedauernswerter „Frömmler".

Als die Kommunisten Rußland einnahmen, schlossen sie einige der Kirchen und funktionierten sie zu Museen um. Und das ist eine sehr traurige Tatsache! Doch wenn ich mich heute in Amerika umschaue entdecke ich viele Gemeinden, die auch nicht mehr als Museen sind. Sie erfüllen keinen anderen Zweck, als einen Betrachter angesichts der prachtvollen Fenster aus Mosaikglassteinen oder der antiken Möbelstücke in Begeisterung zu versetzen.

Regression ist die Hauptstraße, auf der Satan sich seinen Weg zu einer menschlichen Seele, einer Gemeinde oder einem Dienst bahnt.

Ich habe Lester Sumrall in diesem Buch schon mehrmals erwähnt, denn dieser Mann besitzt sehr viel Weisheit, und er ist ein hervorragendes Beispiel dafür, wie man ein göttliches Leben führt.

Als ich eines Tages mit ihm zu Mittag aß sagte er: „Ich habe einen progressiven Lebensstil!"

Und mein Kommentar war: „Ja, Sir!" Denn darauf beschränke ich mich im allgemeinen, wenn Lester Sumrall mit mir redet.

„Weißt du...", fuhr er fort. „Viele meiner Freunde sind alt und sitzen mittlerweile im Rollstuhl. Wir haben etwa zur selben Zeit mit unserem Dienst begonnen. Doch ich bin immer noch stark, während sie enorme Rückschritte gemacht haben."

Und ich ergänzte wieder: „Ja, Sir." Er sagte die Wahrheit.

Dann erklärte er: „Und ich möchte dieselbe Stärke in dir sehen!"

„Großartig", sagte ich. „Gib sie mir!"

Er lachte und meinte: „Nun, so einfach ist das nicht. Derartige Kraft zu besitzen hängt davon ab, welche Entscheidungen du triffst und wie du auf die Herausforderungen im Leben und die dämonischen Attacken reagierst."

Er machte mir den Unterschied zwischen Regression und Fortschritt folgendermaßen deutlich: „Die Persönlichkeit eines Menschen entwickelt sich zurück, wenn er seinen geistlich progressiven Trend aufgibt und seine geistliche Kraft nachläßt. Ein Mensch ist dafür geschaffen, ein progressives und durch Fortschritt gekennzeichnetes Leben zu führen und ein Verständnis für den Sinn des Daseins zu haben."

Er teilte mir mit, daß er ständig aktiv war, weil er progressiv sein wollte. Er hatte eine Entscheidung getroffen, wie sein weiteres Leben verlaufen sollte.

„Ich werde mich nicht zur Ruhe setzen. Ich werde gehen, wenn meine Zeit gekommen ist."

Ein zurückgefallener Christ wird sich vielleicht früher als erforderlich in den Altersruhestand begeben. Er gibt seine Ziele auf und lehnt sich zurück, um langsam zu „entschwinden". Weißt du, was General Douglas MacArthur gesagt hat? „Alte Soldaten sterben nicht, sie verschwinden einfach." - Nun, im Reich Gottes herrschen andere Verhältnisse!

Wenn der Gerechte älter wird, strahlt sein Licht immer heller - es wird nicht schwächer, um schließlich ganz zu erlöschen.

Diese Erkenntnis ist sehr wichtig, denn auf diese Weise versucht Satan, sich Zugang zur Seele eines Menschen zu verschaffen.

In 2. Kor. 3, 17-18 finden wir eine Aussage über jemanden, der die erforderliche *Progressivität* besitzt:

„Der Herr aber ist der Geist; wo aber der Geist des Herrn ist, ist Freiheit. Wir alle aber schauen mit aufgedecktem Angesicht die Herrlichkeit des Herrn an und werden (so) verwandelt in dasselbe Bild von Herrlichkeit zu Herrlichkeit, wie (es) vom Herrn, dem Geist, (geschieht)."

Um Fortschritte machen zu können, brauchen wir zunächst Freiheit. Wo der Geist der Freiheit herrscht, kannst du dich ungehindert der Gegenwart Gottes aussetzen, um den Heiligen Geist an dir wirken zu lassen.
Manche Gemeinden sind regelrecht „versteinert", so daß sich ein Gottesdienst am Sonntagmorgen kaum von dem nächsten unterscheidet. Von Freiheit kann keine Rede sein, und der Geist Gottes ist längst ausgelöscht worden. Ich bin auch der Ansicht, daß ein

Gottesdienst geordnet und nach einem Plan verlaufen sollte. Doch gelegentlich will der Heilige Geist unsere Pläne zunichtemachen, weil Er etwas anderes vorhat. Und dann ist es wichtig, daß wir die Freiheit besitzen, der Richtung zu folgen, die der Herr einschlägt. Ein solcher Freiraum bereitet den Boden für Fortschritt. Ein Mangel an Freiheit leitet zwangsläufig eine Rückwärtsbewegung ein.

Mir persönlich gefällt die Formulierung, daß wir *„von Herrlichkeit zu Herrlichkeit"* verwandelt werden. Das bedeutet, wenn es auch jetzt schon herrlich sein mag, dann warte erst einmal ab, was uns in der Zukunft erwartet - es kommt nämlich noch besser! Denke niemals, du seist am Ziel angelangt. An dem Tag, an dem du zu dem Schluß kommst, Gott habe dir bereits alles gegeben, was Er für dich vorbereitet hat, wirst du aufhören, vorwärts zu streben. Und genau dann wirst du zurückfallen. Höre niemals damit auf, nach Seiner Gerechtigkeit „zu hungern und zu dürsten" und dich intensiver nach Gott und Seinem Heiligen Geist auszustrecken.

Er hat uns noch soviel zu zeigen und zu lehren, und es ist lächerlich zu denken, wir würden jemals ein Stadium erreichen, in dem wir Ihn und Seine Gaben nicht mehr brauchen.

Eine weitere Eigenschaft eines progressiven Menschen ist sein Interesse an anderen. Er ist auf eine Weise extrovertiert, daß er neue Kontakte knüpfen möchte und bereit ist, etwas für andere zu tun. Jemand, der dagegen zurückgefallen ist, zieht sich am liebsten in seine eigenen vier Wände zurück. Seine Aufmerksamkeit dreht sich so sehr um „sich selbst", daß er kein Mitgefühl für andere zeigen *kann*. Welche dieser beiden Persönlichkeiten wird wohl einen größeren Einfluß im Reich Gottes haben? Was meinst du? Welche von beiden wird die Menschen eher anziehen, um ihnen anschließend den Weg zu Jesus zu zeigen? Natürlich diejenige, die progressiv ist!

Wenn du ein Segen für deine Mitmenschen sein und sie zum Herrn bringen möchtest, dann mußt du Abenteuerlust und eine fortschrittliche Einstellung besitzen.
Wie erkennst du, ob du dich in einer Phase des Rückschritts befindest? Es gibt vier verschiedene Erkennungszeichen dafür:

1) Wenn du feststellst, daß dich die Dinge, die dich früher begeistert und erfreut haben, heute „kaltlassen".

Gewöhnlich warst du aufgeregt und glücklich, wenn neue Leute in deine Gemeinde gekommen sind, doch nun erweckt diese Tatsache nicht mehr diese Gefühle in dir. Früher hast du die Bibel mit Interesse und Wissensdurst gelesen - so, als ob Gott persönlich zu dir sprechen würde, doch heute mußt du dich angestrengt darauf konzentrieren, was du liest. Du bist gerne zur Gemeinde gegangen, du konntest den Gottesdienst kaum erwarten, doch inzwischen ist es eine Qual für dich, am Sonntagmorgen aufzustehen. Wenn du diese Symptome an dir entdeckst ist es höchste Zeit, dein Herz wieder Gott zuzuwenden. Bitte Ihn darum, deine erste Liebe wieder herzustellen. Erkläre Ihm, daß es dir leid tut, so kalt geworden zu sein, und bitte Ihn darum, Er möge dir deine anfängliche Leiden-schaft zurückgeben.

2) Deine Hingabe an Christus ist dir gleichgültig geworden, und du hast deinen ursprünglichen Eifer, am Bau von Gottes Reich mitzuarbeiten, verloren.

Ich habe viele begeisterte junge Diener Gottes kennengelernt, die vor Eifer nur so gesprüht haben. Sie hatten immense Vorstellungen, was sie alles für den Herrn und die Ausbreitung Seines Reiches tun wollten. Als ich denselben Personen ein Jahr später wieder begegnete, waren all ihre Pläne in Vergessenheit geraten. Was war geschehen? Sie waren so sehr mit Alltäglichkeiten beschäftigt, daß sie die wirklich wichtigen Dinge völlig aus den Augen verloren hatten. Sie waren gleichgültig geworden und hatten die Einstellung entwickelt: „Wenn ich es nicht tue, dann tut es eben jemand anderes!" Und diese Haltung zeugt von einer Rückentwicklung. Sie ist der Anfang einer langen Talfahrt.

3) Wenn die eigenen Entschuldigungen stärker sind als der Glaube, ist dies ein drittes Anzeichen für eine Rückentwicklung.

Wer Glauben an Gott hat, wird es mit jeder Herausforderung aufnehmen, die Gott ihm stellt. Selbst wenn die Situation hoffnungslos erscheint, wirst du wissen, daß bei Gott alles möglich ist, und aufgrund dieser Erkenntnis wirst du unbeirrt voranschreiten - mitten durch den felsigen Hügel hindurch, der sich vor dir erhebt.

Wenn du dich jedoch auf dem Rückzug befindest wirst du denken: *Das werde ich niemals schaffen! Wer bin ich denn, daß ich auch nur daran denke?* Und dann wirst du nach irgendwelchen Ausreden suchen.

"Ich bin zu alt", oder "Ich bin zu arm", oder "Ich bin noch zu unerfahren im Glauben". Wenn du feststellen mußt, daß deine Entschuldigungen sich dir wie Riesen in den Weg stellen und dein Glaube nur noch unter dem Mikroskop zu erkennen ist, dann bist du tatsächlich im Begriff, dich zurückzuentwickeln.

4) Du kannst einen Rückschritt daran erkennen, daß du dich eher von deinen Gefühlen dirigieren läßt, statt vernünftige Entscheidungen zu treffen und dich strikt an sie zu halten. Wenn du dich aufgrund deiner Emotionen davon abhalten läßt, etwas zu tun, dann befindest du dich in einer Phase des Rückschritts. Hältst du dagegen entgegen deiner Empfindungen an einer Aufgabe fest weil du dich dazu entschlossen hast, sie durchzuführen, zeugt das von einer progressiven Einstellung.

Nachdem wir uns mit den Merkmalen einer Rückentwicklung befaßt haben, will ich nun kurz drei Erkennungszeichen für den entgegengesetzten Prozeß angeben.

1) Ein progressiver Mensch ist bereit, sich zu verändern. Er ist nicht an bestimmte Handlungsmuster oder Arbeitsmethoden gebunden. Er folgt der Führung des Heiligen Geistes, ganz gleich, welche Richtung Er einschlagen mag. Diese Offenheit beinhaltet die Be-reitschaft, das Wort Gottes von einer neuen, unbekannten Seite zu betrachten. Wenn ein progressiver Mensch die Bibel studiert, erkennt er vielleicht, daß er seine Denkweise in bestimmten Be-reichen verändern muß. Nicht jeder ist dazu bereit. Selbst wenn man manchen Gläubigen anhand der Bibel schwarz auf weiß beweist, daß sie an falschen Überzeugungen festhalten, erklären sie - obwohl sie die entsprechenden Verse selbst gelesen haben: "Ich sehe, was hier steht, doch es interessiert mich nicht, denn ich glaube es nicht!" Wir *alle* müssen bereit und willig sein, zu wachsen und die neuen Perspektiven zu akzeptieren, die der Herr uns eröffnet.

2) Ein progressiver Mensch ist von einer Liebe zur Wahrheit geprägt, und er besitzt einen lehrbaren Geist. Er möchte die Wahrheit erfahren und gibt sich mit nichts anderem zu frieden. Wenn ein reiferer Bruder oder eine erfahrenere Schwester ihn auf etwas aufmerksam macht versucht er nicht, seinen Standpunkt zu verteidigen

wie es eine Person tun würde, die zurückgefallen ist. Sie würde sagen: "Was bildest du dir ein, mich zurechtzuweisen? Ich weiß, was ich tue, also laß mich in Ruhe!"

3) Ein progressiver Mensch ist in vielerlei Hinsichten stark. Er hat eine klare Vision, er verfügt über starke Hingabefähigkeit und besitzt einen starken Geist. Die Beziehungen zu seinen Brüdern und Schwestern in Christus sind intensiv.

Unterdrückung

Wir kommen nun zum zweiten der sieben Schritte, die schließlich zu dämonischer Besessenheit führen, zur Unterdrückung.

Lester Sumrall sagte: „Es erstaunt mich immer wieder, daß Gott jedem menschlichen Wesen soviel Ausdruckskraft verleiht. Kaum hat ein Baby das Licht der Welt erblickt, bekommt es vom Arzt einen Klaps auf den Po. Auf diese Weise will er feststellen, ob das Baby ein Lebenszeichen von sich gibt, und wenn dies nicht der Fall ist, muß er das Baby unter Umständen für tot erklären. Gott sehnt sich danach, daß wir Ihm unsere Gefühle intensiv ausdrücken."

Wenn ich predige, werde ich gelegentlich etwas lauter oder ich schreie sogar manchmal ein bißchen. Der Grund dafür ist, daß ich dem Ausdruck verleihe, was mich bewegt und was ich sagen will.

Es kann auch vorkommen, daß ich ein wenig hüpfe oder tanze. Halleluja! Das verstehe ich unter Ausdrucksvermögen!

Wenn ich das Bedürfnis habe zu schreien, stattdessen aber nur flüstere, würde ich meine Gefühle unterdrücken. Und wenn ich Lust hätte, zu tanzen und zu springen, weil ich so begeistert bin über die Gegenwart Gottes, mich aber stattdessen steif wie ein Zinnsoldat nicht von der Stelle rühren würde, würde ich mein Innerstes unterdrücken. Wenn ich meine Gefühle, meine Freude und meine Begeisterung lange Zeit dämpfe, werden all diese Emotionen nach und nach erlöschen.

Clarence Darrow war ein brillianter Rechtsanwalt und gleichzeitig ein ausgesprochener Atheist. Vielleicht hast du davon gehört, daß er gegen William Jennings Bryan in der in Amerika bekannten „Scopes Monkey"-Gerichtsverhandlung auftrat.

Nun, Darrow war ein ausgezeichneter Ratgeber und eine seiner Weisheiten lautete: „Wenn du im Zug reist und du hast die Wahl, dich neben einen kaltblütigen Killer oder einen fundamentalen Christen zu setzen, dann sorge dafür, daß du neben dem Killer Platz nimmst, weil er mehr Wärme ausstrahlt."

Wenn wir Christen nun so etwas lesen, können wir vielleicht nicht so herzhaft darüber lachen. Wir denken unter Umständen eher, welch ein gotteslästerlicher Mann dieser Clarence Darrow gewesen sein muß. Aber weißt du was? In seiner Aussage steckt mindestens ein Körnchen Wahrheit.

In der gesamten Geschichte gab es immer wieder gottesfürchtige Menschen die dachten es sei falsch, zu zeigen, daß Gott sie glücklich und froh gemacht hatte. Sie machten deshalb lange, finstere Gesichter, daß man den Eindruck bekam, sie hätten den ganzen Tag an Zitronen gelutscht.

Folgendes war geschehen: Sie hatten den Heiligen Geist so sehr gedämpft, daß sie ihre Freude, ihre Lebendigkeit und ihre Begeisterung verloren hatten.

Und genau diese Auswirkungen erfahren Menschen, die unter Unterdrückung leiden.

Man könnte gewissermaßen behaupten, daß Unterdrückung das äußere Zeichen für eine innerlich stattfindende Regression, ein Rückfall, ist.

Wenn du nicht mehr lachen kannst, dann hast du vermutlich deine Freude verloren. Und solltest du nicht mehr tanzen und schreien, wenn Gottes Gegenwart spürbar den Raum erfüllt, kannst du dich offensichtlich nicht mehr so sehr dafür begeistern wie früher.

Dieses Prinzip funktioniert auf die eine und auf die andere Weise. Unterdrückung kann eine Regression, eine Rückwärtsbewegung einleiten. Und umgekehrt kann eine Regression die Ursache für eine Unterdrückung sein. Vielleicht mußt du dir an dieser Stelle einige

Minuten Zeit nehmen, um diesen Sachverhalt zu verarbeiten - doch es ist wichtig, daß du ihn verstehst!

Manche Menschen unterdrücken ihre Gefühle, weil es in ihrem Elternhaus nicht erlaubt war, Emotionen zu zeigen. Vielleicht gehören sie aber auch zu der Sorte Mensch die immer erst über-prüfen müssen, was alle anderen denken, bevor sie mit ihrer Meinung herausrücken. Wenn dies bei dir der Fall ist, dann mußt du Gott darum bitten, Er möge dir die Freiheit schenken, dich auszu-drücken.

Mag sein, du bist verletzt worden oder du hast deinen Job oder einen engen Freund - vielleicht deinen Ehepartner - verloren. Wenn dir so etwas widerfahren ist, ist es völlig in Ordnung, zu trauern. Du wärst kein Mensch, wenn du es *nicht* tun würdest! Es gibt eine ge-wisse Zeit für diese Traurigkeit, und darauf folgt eine Phase, in der du dein Leben wieder neu ordnest, um dich anschließend der Zu-kunft zuwenden zu können. Manche Menschen lassen sich so tief in diese Traurigkeit und Niederlage hineinfallen, daß sie dadurch eine leichte Beute für Dämonen sind. Jemand, der stets betrübt und niedergeschlagen ist, ist schwach und mühelos zu besiegen, und nach einer solchen Person halten Dämonen Ausschau!

Es ist entscheidend für uns, daß wir Unterdrückung nicht nur an uns selbst erkennen, sondern auch an unseren Mitmenschen. Manchmal genügt es schon, wenn du zu der betroffenen Person hingehst, sie in den Arm nimmst und ihr sagst, daß du sie magst und schätzt. Vielleicht braucht sie nur jemand, dem sie ihr Herz ausschütten kann. Einen echten Freund zu haben, kann das Leben eines Menschen sehr verändern, und es kann verhindern, daß derjenige weiterhin der dämonischen Bedrückung unterliegt.

Es ist oftmals lustig, wie Menschen auf bestimmte Dinge reagieren. In der Weihnachtszeit sind die meisten voller Freude, aufgeregt und glücklich. Sie *lieben* diese Jahreszeit und die damit verbundenen Aktivitäten. Und dann gibt es aber diejenigen, die in diesen Tagen *so* traurig und melancholisch werden. Sie haben die ganze Zeit über einen Kloß im Hals und Tränen in den Augen.
Wir müssen darum kämpfen, daß wir solche Leute sind, die Freude an all dem Guten haben, das Gott für uns getan hat. Doch wir müssen ebenso darum ringen, anderen, die - aus welchem Grund auch immer - unglücklich sind, den Trost und die Freude Gottes zu

überbringen. Wir wollen alles in unserer Macht Stehende tun, um sie aus ihrem Elend herauszuholen.

Gott hat Gefallen daran, wenn wir unsere Gefühle intensiv ausdrücken. Er möchte, daß wir fähig sind, vor Freude zu jauchzen, und Er freut sich, wenn wir Ihm mit eigenen Worten und durch unsere Taten ausdrücken, daß wir Ihn lieben.

Wenn du in manchen Gemeinden „Halleluja" rufst oder ein von Herzen kommendes „Amen" einwirfst, wirst du aufgefordert, den Mund zu halten. Dort hat man kein Interesse an deiner Fähigkeit, deinen Gefühlen Ausdruck zu verleihen. Doch ein solch einengender, unterdrückender Geist ist falsch und gefährlich. Er muß verbannt werden!

Wenn ich mir Ausdrucksfähigkeit vorstelle, muß ich unwillkürlich an den Himmel denken. Stelle dir vor wie es sein wird, wenn all die Engel und die Erretteten aus allen Nationen sich vor dem Thron Gottes versammeln und Ihn von ganzem Herzen loben und preisen werden! Das wird ein Riesenspektakel sein, nicht wahr?! Wir sollten also tatsächlich daran arbeiten, ein Stück Himmel bereits hier auf der Erde zu erleben. Demzufolge sollten wir Gott hier auf dieselbe Weise anbeten, wie wir es eines Tages im Himmel tun werden. Und das bedeutet, daß wir all unsere Freude und unsere Dankbarkeit rückhaltlos zum Ausdruck bringen!

Ich habe schon Gläubige beobachtet, die am Sonntagmorgen zum Anbetungsgottesdienst kommen, und es hat mich erstaunt, welche Veränderung sich in ihnen vollzieht, sobald der Gottesdienst beginnt. Kurz zuvor haben sie noch mit ihren Freunden und Bekannten herumgealbert und gelacht, und ihre Kinder haben vor Glück gestrahlt... doch in dem Augenblick, in dem die Anbetung anfängt, machen sie einen gequälten und niedergeschlagenen Eindruck. Und sie weisen ihre Kinder zurecht, wenn diese nicht stocksteif an ihrem Platz stehenbleiben! So sollte es nicht sein!

Der Teufel möchte, daß wir kalt, steif und emotionslos sind, *nicht* Gott!
In einer Gemeinde, die ich besucht habe, war hinter der Bühne ein riesiges Plakat angebracht, auf dem die Schriftstelle zitiert war: „Der Herr ist in seinem Heiligen Tempel, alle Erde sei still vor ihm". Die Leiterschaft hatte sich vorgestellt, daß die Leute, die das Gebäude

betraten, sich mucksmäuschenstill auf ihren Platz setzen sollten. Aber weißt du, so gut diejenigen, die dieses Plakat angebracht hatten, es auch gemeint haben mochten, ich bin überzeugt, daß sie total falsch lagen. Das Geräusch, das ich am liebsten vor einem Gottesdienst höre ist das sorglose, laute Geplapper von glücklichen Menschen.

Ich mag es weil es ein Zeichen dafür ist, daß eine gegenseitige Liebe vorhanden ist. Jeder freut sich, den anderen zu sehen und ihm alle Neuigkeiten - alles, was Gott inzwischen in seinem Leben getan hat - mitteilen zu können. Und das finde ich großartig! Es zeigt, daß die Anwesenden begeistert über Gott und Seine Taten sind!

Sicherlich, wenn dann die Anbetung beginnt möchte ich nicht, daß die Unterhaltungen fortgesetzt werden. Denn nun sollen die Gläubigen ihre ganze Aufmerksamkeit dem Gottesdienst widmen, doch sie sollen es mit demselben Maß an Enthusiasmus tun, mit dem sie sich untereinander begrüßt haben.

Wenn wir unserer Begeisterung und Freude über das Wirken Gottes in unserem Leben Ausdruck verleihen, halten es Luzifer und seine Genossen nicht lange in unserer Nähe aus. So etwas wollen sie nicht hören. Doch wenn wir unsere Gefühle zurückhalten, denken die Dämonen: „Ah, so ist es besser. Damit kann ich leben!" Und leider verhalten wir uns oftmals nach diesem Muster.

Vor einigen Jahren bekam ich die Gelegenheit, nach Israel zu reisen. Und es ist wirklich töricht, auf Zehenspitzen zu gehen und zu flüstern, wenn man die heiligen Stätten dort besichtigt. Im Ge-genteil, an diesen Orten sollten wir unsere Stimmen und Herzen erheben um Gott dafür zu preisen, was Er für uns getan hat! Das wird manchen Leuten nicht gefallen! Das ist gleichgültig. Gott wird es gefallen, und Er ist der Einzige, dessen Urteil von Bedeutung ist!

Zuviele heutige Gemeinden drücken ihre Freude über die Werke, die Gott tut, nicht aus. Sie konzentrieren sich nicht auf die positive, sondern sie fixieren sich völlig auf die negativen Ereignisse. Sie üben Kritik an manchen Predigern oder Evangelisten, weil sie deren Stil nicht mögen - ohne dabei zu beachten, daß diese Diener Gottes hunderten von Menschen Heilung und Befreiung gebracht haben.

Jemand kann sagen: "Hast du gesehen, wie der querschnittsgelähmte Mann gestern abend während des Gottesdienstes aus seinem Rollstuhl aufgestanden ist?"

„Sicher! Aber ich finde, die Predigt war nicht besonders."

Manche irritiert die Frisur eines Evangelisten oder die Art und Weise, wie er bestimmte Worte ausspricht. Sie halten ihn für zu dramatisch, zu extravagant, zu schmierig oder zu... was immer dir einfällt! Doch all diese Eigenschaften sind nebensächlich. Viel wichtiger ist dagegen die Frage: „Wird Menschen durch seinen Dienst geholfen? Werden sie errettet? Werden sie geheilt und von dämonischer Kontrolle und Besessenheit befreit?" Wenn sie mit „Ja" beantwortet werden kann, sollten wir Gott voller Freude und viel-leicht sogar sehr geräuschvoll dafür preisen, was Er unter uns tut. Gott möchte, daß wir unsere Gefühle nicht *unterdrücken*, sondern *ausdrücken*.

Wenn es tatsächlich einen größeren Genuß für einen Dämon geben sollte als einen notorischen Sünder, dann ist es ein Christ mit einer negativen, kritischen Einstellung. Davon bin ich überzeugt! Mit einem solchen kann ein böser Geist nämlich mehr Unheil anrichten, denn mit seiner Hilfe kann er Streit und Zwietracht in die Gemeinde Gottes säen. Ich habe gesehen, wie der Feind negative Christen dazu benutzt hat, ganze Gemeinden zu spalten. Etliche waren durch die Zänkereien in der Gemeinde so angewidert, daß sie sagten: „Wenn das Christentum sein soll, dann will ich nichts damit zu tun haben!" Und mit diesen Worten sind sie gegangen. Gemeinden sind aufgrund dieser negativen Einstellung „am Weinstock vertrocknet". Sie hatten ihren evangelistischen Eifer völlig verloren und ihre Berufung vergessen. Und deshalb hätten sie ebensogut ihre Türen schließen können.

Ich werde noch auf ein weiteres Beispiel zurückgreifen, um zu verdeutlichen, welcher Schaden einem menschlichen Geist durch Unterdrückung zugefügt werden kann - ein Beispiel, das jeder verstehen wird.

Was geschieht, wenn ein Mann und eine Frau sich verlieben und heiraten? Sie werden einander ständig erklären, wie sehr sie den anderen lieben und schätzen. Sie sind so verliebt ineinander, daß sie gar nicht anders handeln können. „Ich liebe dich", ist ein wesentlicher

Bestandteil ihrer Konversation, und diese drei Worte werden von Leidenschaft getragen.

Der junge Mann wird vielleicht sogar versprechen: „Es wird kein Tag vergehen, an dem ich dir nicht sagen werde, wie sehr ich dich liebe!"

Und er meint es ernst.

Doch während die Jahre vergehen und andere Faktoren an Bedeutung gewinnen, werden die Liebeserklärungen immer seltener. Und weil sie darin nachlässig werden, erkalten ihre Gefühle mit der Zeit. Die Frau beschwert sich bei ihrem Mann: „Du sagst mir nie, daß du mich liebst!" Und der anklagende Unterton, der in ihren Worten mitschwingt, provoziert den Ehemann dazu, kurz-angebunden seine „Pflicht" zu erfüllen. Obwohl er die drei gewünschten Worte „Ich liebe dich" herauspreßt, hört es sich doch vielmehr an, als würde er sagen: „Laß mich in Ruhe! Ich bin heute sehr müde!"

Das Ehepaar hat erlaubt, daß sich die gegenseitige Zuneigung verringert hat. Wenn sie sich an ihr ehemaliges Versprechen gehalten hätten - wenn die beiden keinen Tag hätten vergehen lassen, an dem sie sich nicht ihre Liebe eingestanden hätten, dann wäre ihre Zuneigung immer noch so frisch und lebendig wie am ersten Tag. Weil sie aufgehört haben, ihre Gefühle auszudrücken, waren sie nach und nach verschwunden.

Und diesen Prozeß durchlaufen viele Paare in unserer heutigen Gesellschaft. Deshalb steigt die Scheidungsrate ständig!

Liebst du Gott? Dann sage es Ihm. Bist du dankbar für das, was Er in deinem Leben getan hat? Wenn du deine Gefühle unterdrückst, wirst du unweigerlich kalt und gleichgültig werden. Und auf diese Weise wirst du ungewollt dämonische Einflüsse anziehen. Laß dich deshalb unter keinen Umständen davon abhalten, Gott deine Liebe und Freude darüber zu zeigen, was Er für dich getan hat.

Bedrückung

Die dritte Stufe in Richtung dämonischer Besessenheit ist die Bedrückung.

Im Wörterbuch wird dieser Begriff so definiert: "auf anomale, unnatürliche Weise unterdrücken". Er beinhaltet auch, „etwas verbergen, vorenthalten, verheimlichen" - wie etwa Informationen, Gefühle und Bedürfnisse.

Du siehst also, daß Unterdrückung und Bedückung sehr eng miteinander verwandt sind, aber es gibt doch einen kleinen Unterschied. Während für die Unterdrückung *wir selbst* verantwortlich sind, erfolgt eine Bedrückung *von außen,* von einem Fremdeinfluß. Hier beginnt die dämonische Eintrittsphase in ein menschliches Leben, und dieser Versuch muß durch die Kraft Gottes gebrochen werden.

Ich gebe ein anschauliches Beispiel für Bedrückung:

Angenommen, du befindest dich in einem Anbetungsgottesdienst, und du spürst ganz deutlich, daß Gott durch dich reden möchte. Er hat eine Botschaft an die übrigen Anwesenden, und Er will dich gebrauchen, um sie mitzuteilen. Obwohl du das Gefühl hast, du müßtest innerlich explodieren, weil du sie so gerne weitergeben würdest, ist es dir nicht möglich, deinen Mund aufzutun und die Worte auszusprechen!

Trotz größter Anstrengung bleiben deine Lippen verschlossen. Der gesamte Ablauf gleicht der Art von Alptraum, die man als Kind gelegentlich hat. Du wirst von einem bösen Wesen verfolgt, willst fliehen, aber deine Beine versagen dir ihren Dienst. - Eine Ursache dafür, daß du nicht entsprechend deinem Wollen handeln kannst, sind die Einflüsterungen des Teufels, der dich glauben machen will, daß du nicht *wirklich* von Gott gehört hast oder daß die anderen deine Botschaft ablehnen werden.

Das ist eine Form der Bedrückung.

Sie hat jedoch noch viele andere Gesichter. Es mag sein, du hast ein immenses Verlangen, etwas bestimmtes für Gott zu tun, doch irgendetwas hält dich ständig davon ab. Du wünschst dir von ganzem Herzen, daß der Herr dich auf irgendeine Weise im Dienst für Sein Königreich gebraucht, doch jedesmal, wenn du die Ge-legenheit dazu hast, verstreicht sie ungenutzt.

Ich kenne einen Mann, der schon immer als Missionar nach Lateinamerika gehen wollte. Während er das College besuchte lernte er, fließend Spanisch zu sprechen, damit er seinen Dienst effektiver ausführen könnte. Er eignete sich enormes Wissen über die lateinamerikanische Kultur an, und er besuchte Seminare, um sich ein solides Fundament aus Gottes Wort zu verschaffen.

Doch inzwischen sind 40 Jahre vergangen. Und weißt du was? Er ist niemals bis nach Lateinamerika gekommen. Und ich glaube, heute kann ich sagen, daß er es mit großer Wahrscheinlichkeit auch nicht mehr schaffen wird. Er führt ein ordentliches Leben, doch eine tiefe Enttäuschung ist sein ständiger Begleiter, denn er hat die Berufung, die er empfangen hat, nicht in die Tat umgesetzt - er hat sich den einzigen Wunsch, den er jemals hatte, nicht erfüllt.

Warum ist er nicht eines Tages nach Südamerika gereist? Weil er bedrückt worden war. Etwas hatte seine Sehnsüchte auf so massive Weise eingedämmt, daß es ihm nicht möglich war, sein Vorhaben zu Ende zu bringen. Satan kann dich in dieser Form bedrücken, wenn du dich von ihm unterjochen läßt.

Eine Unterdrückung kann jedoch nicht durch Willensstärke oder vermehrten Einsatz gebrochen werden. Sie kann nur in einer direkten Handlung durch den Gebrauch der Autorität des Namens Jesu zerstört werden.

Depression

Unter Depression versteht man einen gebrochenen Geist. Jemand, der an Depressionen leidet, ist ein Mensch, der so lange und so massiv bedrückt worden ist, daß sein Geist daran zerbrochen ist.

Jeder von uns ist hin und wieder depremiert. Das Leben in dieser Welt kann uns aus vielerlei Gründen gelegentlich betrübt stimmen. Es genügt schon, die Abendzeitung zu lesen oder die neuesten Nachrichten am Morgen zu erfahren, um in eine leichte Depression zu verfallen. Diese sollte jedoch rasch wieder verfliegen, wenn du dir bewußt machst, daß Gott immer noch auf dem Thron sitzt, abgesehen davon, was sich in der Welt oder in unserem eigenen Alltag abspielt. Er hat letztendlich das Steuer in der Hand, und Er ist fähig, im Leben derer, die Ihn lieben, stets alles zum Besten zu wenden, wie es in Röm. 8, 28 heißt.

Doch bei manchen Menschen genügt es nicht, sich diese Tatsache ins Gedächtnis zu rufen. Sie werden von einer Depression erfaßt und können sich nicht mehr aus ihr befreien. Ein chronisch De-pressiver hat mir berichtet, daß er inzwischen einen Punkt erreicht hat, an dem er an nichts mehr im Leben auch nur die geringste Freude habe. Alle Aktivitäten, die ihm einmal Spaß gemacht hatten, ließen ihn nun völlig kalt. Er existiere nur noch, aber er „lebe" schon lange nicht mehr. Er konnte dem Leben keinen Sinn mehr abgewinnen, und nicht einmal seine Familie hatte für ihn noch eine Bedeutung.

Eine solche Person ist offensichtlich ein willkommener Fang für dämonische Mächte - die stets auf der Jagd nach jemandem sind, in den sie sich festbeißen und einnisten können.

Psalm 42, 6 läßt erkennen, daß auch König David mit Depressionen vertraut war:

„**Was bist du so aufgelöst, meine Seele, und stöhnst in mir? Harre auf Gott! - denn ich werde ihn noch preisen (für) das Heil seines Angesichts.**"

Wenn David einer Depression entgegenging, vertrieb er die trübsinnigen Gedanken, indem er sich vergegenwärtigte, wie machtvoll und gütig sein Gott war. Er lobte Gott, auch wenn seine Gefühle in eine andere Richtung tendierten. Und dadurch ermutigte er seine *„aufgelöste"* Seele.

An dieser Stelle werden wir den Ursachen für eine Depression auf den Grund gehen.

Religiosität und Gesetzlichkeit vermitteln Verdammnis und lösen dadurch eine Depression aus

Es gibt eine religiöse Form, die Menschen kontrolliert und ihrer Freiheit beraubt. Gesetzliche Leiter behaupten: „Du mußt tun, was wir dir sagen!", oder in anderen Worten: „Wir wünschen, daß du dich an uns - und *nicht* an Gott - wendest, wenn du nach religiöser Führung suchst!" Es ist nicht verwunderlich, daß diejenigen, die auf diese Weise gebunden sind, anfällig für Depressionen sind.

Starre Traditionen können eine Depression hervorrufen

Trauer ist eine natürliche Reaktion darauf, daß ein geliebter Mensch gestorben ist, selbst wenn man weiß, daß er zum Herrn heim-gekehrt ist. Eine Trennung ist stets schmerzhaft, auch wenn man eines Tages wieder vereint sein wird. Doch man kann den Faden überspannen. Es gibt beispielsweise eine Tradition die verlangt, daß ein trauernder Mensch sich ein Jahr lang schwarz kleidet. Und mit diesem Brauch geht auch die Vorstellung einer, daß der Hinterbliebene dem Verstorbenen „die Treue bricht", wenn er es wagen sollte, sich in dieser Zeit zu einem Lächeln hinreißen zu lassen. Solche Traditionen sind sinnlos. Sie ziehen die Phase der Trauer unnötig in die Länge und können den Betreffenden geradewegs in eine Depression hineinführen.

Wenn du dir selbst keine Trauer gestattest, wird sie sich auf eine andere Weise in deinem Leben Bahn schaffen. Deshalb ist es vernünftig, eine gewisse Zeit zu trauern, und dann sollte man sich wieder besinnen und in die Zukunft blicken. Wenn jemand die natürliche Trauerphase jedoch überzieht, wird ein Geist der Trauer sich seiner bemächtigen und die Kontrolle übernehmen. Und das Resultat kann dann tatsächlich eine tiefe, kräfteraubende Depression sein.

Verluste jeglicher Art oder andere Probleme können die Ursache für eine Depression sein

Wenn du deinen Arbeitsplatz verlierst oder finanzielle Schwierigkeiten hast - wenn du deine Rechnungen nicht mehr bezahlen kannst und deine Gläubiger ständig bei dir anrufen, können dich diese Umstände depressiv stimmen. Eine Depression kann auch über dich kommen, wenn dein Kind gegen dich rebelliert (wie es bei König David der Fall war). Wenn ein Freund dich enttäuscht oder eine

Liebesbeziehung auseinanderbricht, ist dies ebenfalls ein Nährboden für eine tiefe Depression.

Wie ich bereits festgestellt habe, ist es durchaus verständlich, daß gewisse Ereignisse eine Phase der Depression einleiten können. Es ist jedoch nicht mehr nachvollziehbar, weshalb sich jemand ihr völlig hingibt und ständig in einem depremierten Zustand lebt. Und doch weiß ich aus Erfahrung, daß bei manchen Menschen genau das geschieht. Sie genießen es förmlich, depressiv zu sein, und wenn diese Symptome vorhanden sind, ist dies ein sicheres Anzeichen dafür, daß Dämonen im Spiel sind. Es ist traurig, so etwas sagen zu müssen, doch einige Leute scheinen von berufswegen depressiv zu sein. Auf diese Weise schenkt man ihnen Beachtung. Und wenn jemand eine solche Einstellung hat, kann man nur wenig tun, um ihm zu helfen.

Ich kenne Personen, die ununterbrochen ermutigende Worte und Gebet benötigten, die nach der kleinsten Aufmerksamkeit hungerten, die ich ihnen entgegenbringen konnte... und doch half alles nichts! Sie litten unter Depressionen, und sie wollten es auch weiterhin tun.

Du mußt wissen, daß nur derjenige eine Depression überwindet, der siegreich sein *will*. Wir haben im vorherigen Kapitel Menschen kennengelernt, die kein Interesse daran hatten, von Dämonen befreit zu werden, weil sie sie in ihrem Leben haben wollten. Nun, genauso verhält es sich hier. Für manche Menschen kann man nichts tun, weil sie keine Hilfe wollen. Doch für diejenigen, die nach Hilfe suchen, steht sie jederzeit bereit.

Wenn es den Anschein hat, eine Depression würde die Oberhand über dich gewinnen, hast du verschiedene Möglichkeiten, dich dagegen zu wehren.
Das Naheliegendste ist natürlich das Gebet. Bitte Gott, Er möge dir helfen, diese Traurigkeit abzuschütteln. Und preise Ihn für Seine Größe und für Seine Güte. Rufe dir ins Gedächtnis, daß es in der Bibel heißt, Gott wohnt im Lobpreis Seines Volkes. In der Gegenwart des lebendigen Gottes kann keine Depression standhalten.

Du kannst außerdem von deiner Autorität Gebrauch machen und die Macht der Depression im Namen Jesu brechen.

Und dann gibt es noch einige natürliche Dinge, die du unternehmen kannst, um dich aus der depressiven Umklammerung zu befreien. Manchmal genügt schon ein Tapetenwechsel.

Verlasse dein Zimmer und geh hinaus. Beschäftige dich mit etwas anderem. Dazu hast du vielleicht keine Lust, aber das ist uninteressant. Tu es trotzdem! Ein depressiver Mensch sitzt am liebsten in einem Raum und starrt gegen die Wand. Das ist nicht gut, denn dadurch baut sich die Depression immer stärker auf. Also steh auf, zieh dich an und dann geh aus und unternimm etwas! Es kann durchaus sein, daß ein Wechsel der Umgebung oder eine Veränderung in der Alltagsroutine genau das ist, was du brauchst, um den Sieg zu gewinnen.

Eines darfst du dir jedoch keinesfalls erlauben, wenn du unter einer schweren Depression leidest: Du darfst dich nicht von deinen Brüdern und Schwestern im Herrn distanzieren. Ich kann verstehen, daß man sich am liebsten im Zimmer verkriechen will, wenn man depressiv ist, denn man verspürt nicht die geringste Lust, sich in die Gesellschaft von Menschen zu begeben, die glücklich und voller Freude sind. Dabei sind sie genau das, was du in einer solchen Phase benötigst. Gott weiß, daß es für uns sehr wichtig ist, so häufig wie möglich mit anderen Gläubigen Kontakt zu haben. Gemeinsam sind wir stärker, und es ist befreiend und entlastend, von Glaubensgeschwistern umgeben zu sein, die mit dir beten, dir dienen und dich durch ihre Liebe aus der Depression herausholen.

Wir müssen die Ebene erreichen, die Paulus in Gal. 6, 2 beschreibt: *„Einer trage des anderen Lasten..."*. Wenn wir uns danach richten, wird keine Depression von langer Dauer sein.

Dem Teufel würde es gefallen, wenn jeder Christ in der Welt zu Tode betrübt wäre. Er weiß, daß ein depressiver Mensch keine Energie und keinen Enthusiasmus besitzt. Vielmehr ist er matt und apathisch und ist deshalb leicht zu schlagen. Er ist lustlos, un-motiviert und hat kein Interesse an dem, was um ihn herum ge-schieht - und für einen Christen ist dies ein gefährlicher Zustand. Wenn es Satan gelingen würde, einen Großteil der Gläubigen durch Depressionen zu lähmen, hätte er freie Hand auf der Erde. Nie-mand würde sich ihm in den Weg stellen oder ihn aufhalten, und er könnte über *jeden* herfallen.

Wenn du ein starker Christ bist, kannst du eine Depression in deinem Leben ohne fremde Hilfe brechen. Doch die meisten Menschen benötigen den Beistand anderer. Und wenn du zu dieser Gruppe gehörst, dann scheue dich unter keinen Umständen, darum zu bitten. Ich habe Gläubige kennengelernt die zu stolz waren, um sich an andere zu wenden, weil sie nicht den Anschein erwecken wollten, sie seien schwach. Doch es ist weitaus besser, deine Not einzugestehen, als etwas vorzugaukeln, während der Feind dir deine Lebenskraft raubt, zumal wir alle gelegentlich auf die Unterstützung anderer angewiesen sind, und aus eben diesem Grund hat Gott uns unsere Geschwister im Glauben gegeben!

Die einfachste und richtige Reaktion auf eine Depression ist jedoch zunächst zu erklären: „Nein, bei mir kannst du nicht landen, in Jesu Namen!" Damit schmetterst du den trübsinnigen Geist gegen die Wand wie einen Tennisball. Und anschließend solltest du dich wieder den Aktivitäten zuwenden, die in der Gemeinde stattfinden. Früher sagte man: „Der Teufel findet immer eine Aufgabe für einen Faulen." Und in gewisser Hinsicht entspricht das den Tatsachen. Beschäftige dich, indem du in Gottes Reich mitarbeitest, dann wird dich ein Geist der Depression gar nicht zu fassen bekommen.

Jetzt komme ich zum fünften der sieben Schritte, wie man unter die Kontrolle von Dämonen geraten kann.

Der fünfte Schritt ist Belastung

Wenn die Bedrückung durch einen Fremdeinfluß den höchsten Grad erreicht hat, bezeichnet man diesen Zustand als „Belastung". Wenn jemand belastet ist, bedeutet dies, daß ihm von außen eine Last auferlegt wird, die er nicht mehr tragen kann und die schließlich zum Zusammenbruch führt.
Als biblisches Beispiel kann uns in diesem Zusammenhang das Volk Israel dienen, das vom Pharao sehr belastet wurde. Gott entging dieser Umstand nicht, und Er hatte großes Mitleid mit Seinen Kindern. Er hörte ihr Klagen und sah ihre Tränen, deshalb sandte Er Mose und Aaron zu ihnen, um sie zu befreien.

Mit derselben Intensität werden heute Menschen von Dämonen belastet, die sie verdammen und sie mit ungerechtfertigen Schuldgefühlen beladen. Sie flüstern ihnen zu: „Du bist nicht gut! Gott kann dich gar nicht lieben." Bedrücken dich die Sünden und Fehler, die du in der Vergangenheit begangen hast? Dann bist du belastet.

Ich frage dich: „Weißt du denn nicht, daß Jesus Christus den Preis für deine Sünden bezahlt hat? Er hat jede einzelne durch Sein Blut ausgelöscht!"

Du antwortest vielleicht: „Oh ja, ich kenne diese Fakten, doch es fällt mir schwer, sie von Herzen zu begreifen."

Oder jemand anderes entgegnet: „Aber du weißt ja nicht, was ich alles getan habe. Ich möchte gerne glauben, daß mir vergeben worden ist... aber ich *kann* es einfach nicht!"

Lieber Bruder, liebe Schwester, wenn du mit solchen Gefühlen zu kämpfen hast, dann trägst du eine unzumutbare Last, und du mußt etwas dagegen unternehmen, bevor sie dich erdrückt!

Auch im Verlauf einer Krankheit kann es geschehen, daß ein Christ von einer Fremdmacht belastet wird.

In Apg. 10, 38 wird berichtet, daß Jesus umherzog und diejenigen heilte, die vom Teufel überwältigt oder belastet waren. Anhand dieser Passage kann man feststellen, daß kranke Menschen ihr Leiden als eine teuflische Belastung empfanden.

Stelle dir nur jemanden vor, der von seinem Arzt die Nachricht erhalten hat, er habe Krebs. Sofort wird sich in dem Betreffenden der Gedanke breitmachen, daß er sterben wird. Selbst wenn sich der Krebs noch im Anfangsstadium befindet - wenn er noch operabel ist -, kann allein die Diagnose „Krebs" ein Menschenleben schon fast zerstören.

Patienten, die an einer langwierigen, ernsten Krankheit leiden, sind meistens extrem belastet, weil sie sich große Sorgen um ihre Zukunft machen: Werde ich wieder gesund werden? Werde ich die Kosten für den Krankenhausaufenthalt bezahlen können? Was wird mit meiner Familie geschehen, wenn ich nicht wieder gesund werde? Werde ich sehr leiden müssen?

Wenn ständig derartige Gedanken auf dich einprasseln, ist das natürlich eine enorme Belastung.

Doch es gibt eine Lösung, und wir finden sie in Matth. 11, 28-30:

„**Kommt her zu mir, alle ihr Mühseligen und Beladenen, und ich werde euch Ruhe geben. Nehmt auf euch mein Joch, und lernt von mir, denn ich bin sanftmütig und von Herzen demütig, und ihr werdet Ruhe finden für eure Seelen; denn mein Joch ist sanft, und meine Last ist leicht.**"

Diese Worte des Herrn geben uns die Antwort auf die Not eines jeden, der vom Teufel belastet wird.

Viele von uns tragen Lasten, die gar nicht für sie bestimmt sind. Wir sorgen und ängstigen uns, wir rennen hektisch hier und dort hin, um etwas *für* den Herrn zu tun. Aber wir erlauben Ihm nicht, uns zu helfen. Wir kommen mit unseren Problemen und Nöten nicht zu Ihm, damit Er durch uns arbeiten kann. Und auf diese Weise müssen wir nach einiger Zeit erkennen, daß wir unter Depressionen leiden und belastet sind.

In seinem Buch „They speak with other tongues" - „Sie reden in neuen Sprachen" erzählt John Sherill, wie er gebeten wurde, im Chor seiner Gemeinde mitzusingen. Seiner Ansicht nach war Sherill kein besonders begnadeter Sänger, doch da dringend noch einige Baßstimmen gesucht wurden, willigte er schließlich ein. Als er seine Bedenken vorbrachte, gab ihm ein „echter" Sänger einen Ratschlag. „Halte dich einfach an mich, während wir singen", sagte er.
Sherill nahm sich diese Worte zu Herzen, und zu seiner Überraschung klang sein Gesang kraftvoll, klar und tief. Es schien fast so, als ob seine Stimme durch die Energie des anderen Sängers verstärkt und getragen wurde. Nun, ich kenne mich auf dem musikalischen Sektor zu wenig aus, um dir die wissenschaftlichen Hintergründe für dieses Phänomen erklären zu können. Ich kann mich lediglich auf die Aussagen des Autors in seinem Buch verlassen. Doch was ich damit verdeutlichen will, ist folgendes: Wenn du dich auf dieselbe Weise auf den Herrn stützt, wirst auch du überrascht sein, was Er durch dich tun kann. Achte darauf, daß du nicht *für* den Herrn arbeitest, sondern erlaube Ihm Seine Pläne *durch* dich zu verwirklichen.

Es heißt, daß der bekannte Evangelist Dwight L. Moody jeden Morgen mindestens eine Stunde betete. Und wenn er wußte, daß ihm ein besonders arbeitsreicher Tag bevorstand, verlängerte er seine Gebetszeit sogar auf *zwei* Stunden. Er war ein Mann, der offensichtlich erkannt hatte, wie wichtig es ist, auf Gottes Unterstützung zurückzugreifen.

Zeige mir einen Menschen, der sich auf den Herrn verläßt, und ich zeige dir jemand, der *nicht* belastet ist!

Ein Diener Gottes sollte sich nicht abmühen, und er sollte auch nicht von falschem Ehrgeiz getrieben sein. Gott in jedem Lebensbereich zu gehorchen, sollte sein einziger Wunsch sein, und den Rest sollte er der liebevollen Fürsorge Gottes überlassen.

Belastet zu sein, ist ein entsetzlicher Zustand. Menschen, die eine schwere Last mit sich herumtragen, verlieren irgendwann den Glauben an Gottes Wort. Ich habe beispielsweise schon für Kranke gebetet und dabei rasch festgestellt, daß die biblischen Aussagen über Heilung angesichts ihrer Belastung bedeutungslos für sie geworden waren. Ich machte sie darauf aufmerksam, daß Jesus durch Sein stellvertretendes Opfer für ihre Heilung gesorgt hatte, doch sie entgegneten: „Ja, ich weiß. Aber glaubst du denn wirklich, daß das auch so gemeint ist?"

In einer solchen Situation kann ich nichts weiter tun, als von meiner Autorität in Christus über diesen Dämon Gebrauch zu machen.

Ich erkläre ihm: „Ich breche deine Macht über dieser Person. Ich befehle im Namen Jesu, daß diese Belastung gebrochen ist. Und nun erhebe sich der Geist dieses Menschen! Steh auf und erkenne, daß Jesus deine Last tragen und dich von allen Leiden heilen wird!"

Wenn der Dämon, der den Betreffenden belastet hat, vertrieben wurde, ist es für diesen Menschen viel einfacher, zu glauben und geheilt zu werden.
Wir haben bereits festgestellt, daß eine Krankheit eine große Belastung bedeuten kann. Ebenso kann Furcht die Ursache dafür darstellen.

Manche Menschen leben unter ständiger Furcht. Sie befürchten, daß sie ihren Arbeitsplatz verlieren. Sie werden von der Angst gequält, daß niemand sie mag. Der Gedanke an einen Ruin ängstigt sie oder die Vorstellung, daß sie krank werden könnten. Sie fürchten sich wegen ihrer Vergangenheit und vor der Zukunft. Was immer dir einfällt, davor haben sie Angst.

Wenn du unter derartigen Angstzuständen leidest, wirst du vom Teufel belastet, und dagegen mußt du einschreiten!

Wer solche Befürchtungen hat, hat den Fehler begangen, den Lügen des Feindes Glauben zu schenken. „Du wirst morgen sterben!" „Dein Arbeitsplatz wird eingespart werden!" „Deine Frau wird dich bald nicht mehr lieben!" Und so weiter und so weiter. Er ist der Vater der Lüge, und er wird nie müde zu lügen.

Ein Mann, der lange Zeit ein weltliches Leben geführt und perverse sexuelle Praktiken betrieben hatte bat mich, für ihn zu beten. Er erklärte mir: „Ich bin nun von neuem geboren und mit dem Heiligen Geist erfüllt. Mein Leben ist jetzt in Ordnung, ich diene Gott. Aber ich habe Angst, wegen meines ehemaligen Lebensstils AIDS zu bekommen."

Ich sagte zu ihm: „Schau mich an!" (Ich wollte mich vergewissern, daß er genau verstand, was ich ihm begreiflich machen wollte.) „Du brauchst dir deswegen keine Sorgen zu machen. AIDS kann dir nichts anhaben."

„Wie kannst du dir so sicher sein?"

„Weil Gott nun die Kontrolle über dein Leben hat", entgegnete ich.

„Er hat diese Situation souverän im Griff. Als du Jesus ange-nommen hast, hast du Gott dein Leben anvertraut und Ihn gebeten, deinen Körper von allem, was dich krankmachen könnte, zu reinigen. Glaube Ihm und lebe! Erlaube nicht, daß Satan durch solche Lügen dein Leben ruiniert!"

Dies ist ein weiterer Umstand, der Menschen belastet. Sie kommen zum Herrn, empfangen Vergebung und werden von ihrer Vergangenheit befreit. Doch dann flüstert ihnen Satan ins Ohr: „Du bist nicht wirklich frei. Du mußt trotz allem die Konsequenzen für dein bisheriges Leben tragen."

Freunde, das ist nicht die Wahrheit! Wenn Christus dich frei ge-macht hat, dann bist du wahrhaftig und endgültig frei!
Wenn ich jemand vorfinde, der von einem Dämon belastet wird, dann jage ich diesen Geist aus ihm heraus. Ich fordere die be-treffende

Person auf, mich anzuschauen und mir gut zuzuhören. Und manchmal bringe ich sie dazu, mir die Worte der Kraft und der Befreiung mit Autorität in ihrer Stimme nachzusprechen. So will ich erreichen, daß sie sich selbst auf eine Weise reden hören, die ihren Glauben weckt.

Eine Belastung kann tödlich sein, doch der Kraft Gottes kann sie bei weitem nicht standhalten!

Schritt Nr. 6 ist „Zwanghafte Leidenschaft" oder „Versessenheit"

Eine Leidenschaft hat an und für sich nichts Schlechtes an sich. Jeder Christ entwickelt normalerweise eine Leidenschaft für oder eine Versessenheit auf die Dinge Gottes, und das ist positiv. Wenn du sogar so gefesselt vom Wirken des Heiligen Geistes bist, daß andere dich als „Glaubens-Fanatiker" bezeichnen, kannst du stolz auf das Leben sein, das du führst.

Doch es gibt auch hier wiederum eine teuflische Form der Leidenschaft, die zwanghaft und grausam ist.

Jemand, der von einer solchen zwanghaften Versessenheit getrieben wird, ist derart auf eine Idee oder ein Gefühl fixiert, daß er auf natürliche Weise nicht mehr davon abzubringen ist. Ein solcher Mensch ist in einem andauernden, nahezu ausweglosen Teufelskreis gefangen.

Vielleicht hast du von der jungen Amerikanerin gehört, die nicht von der Wahnvorstellung abzubringen war, sie sei David Lettermans Frau. Letterman selbst erklärte, er habe sie noch nie in seinem Leben getroffen, doch trotzdem war sie völlig auf ihn fixiert. Sie wurde derart von dieser Vorstellung beherrscht, daß sie sogar in sein Haus einbrach und noch viele andere Dinge tat, die ein normaler Mensch niemals tun würde. Obwohl sie ins Gefängnis kam, konnte nichts und niemand sie von ihrer fixen Idee abbringen. Die Öffentlichkeit lachte über sie und verspottete sie, doch auch das hinderte sie nicht daran, weiterhin an ihrer unrealistischen Vorstellung festzuhalten und sich dementsprechend zu verhalten.

Zugegeben, das ist ein ungewöhnlicher Fall. Doch er zeigt, wie weit eine zwanghafte Versessenheit einen Menschen treiben kann. In der Regel sind die Leidenschaften, die manche entwickeln, in den Augen der Gesellschaft „akzeptabler". Sie reichen nicht aus, um den Stoff für einen Zeitungsartikel zu bieten oder um sich den Spott der Öffentlichkeit einzuhandeln. Doch sie können ebenso gefährlich, ebenso tödlich für den Geist eines Menschen und ebenso schwierig zu brechen sein.

Es gibt beispielsweise etliche, die versessen auf Pornographie sind. Andere entdecken ihre Leidenschaft für Sex oder perverse sexuelle Praktiken. Manche sind gefesselt von Okkultismus oder der New-Age-Philosophie. Teenager dagegen sind eher anfällig für Rock- oder Rap-Musik. Man kann auch versessen darauf sein, Geld anzuhäufen. Es gibt für jeden ein reichhaltiges Angebot.

Dabei kann alles ganz harmlos anfangen. Ein christlicher Geschäftsmann, der nach einer langen Reise auf dem Heimweg ist, sitzt abends in seinem Hotelzimmer und schaltet die verschiedenen TV-Programme durch - und landet dabei mitten in einem Pornofilm. Er schaltet sofort um. Doch dann kann er die kurze Szene, die er gesehen hat, nicht mehr aus seinen Gedanken verbannen. Und er schaltet wieder auf den entsprechenden Kanal. *Es kann ja nicht schaden, wenn ich mir anschaue, um was es hier eigentlich geht,* denkt er. *Schließlich interessiert mich das Ganze ja nicht wirklich, ich bin einfach nur neugierig.* Und ehe er sich versieht, hat er den Film bis zum Ende verfolgt. Alle Versuche abzuschalten, sind fehlgeschlagen.

So schnell kann eine   über dich kommen. Du mußt dich vor den Tücken Satans in achtnehmen. Halte dich nie für so stark, daß du nicht in Versuchung geraten könntest.
Du kennst das Gebet des Herrn: „*...und führe uns nicht in Versuchung...*" (Matth. 6, 13). Er hat nicht gesagt: „Führe uns ein- oder zweimal in Versuchung, damit wir widerstehen und dir dadurch zeigen können, wie stark wir sind!" Satan wird dann versuchen, dich zu schlagen, wenn du einen schwachen Punkt hast, deshalb solltest du beten, daß du die Kraft haben wirst, seine Attacke abzuwehren. Höre nicht auf das, was er dir einreden will. Beachte die Versuchungen nicht, die er dir vor Augen malt. Er versucht dich zu ködern und dich wie einen Fisch an Land zu ziehen.

Wenn du auf etwas zwanghaft fixiert bist, hat ein Prozeß begonnen, der dich nach und nach zu noch krasseren Sünden veranlaßt.

Jemand, der eine zwanghafte Leidenschaft für eine sündige Handlung entwickelt hat, öffnet sich für eine Invasion des Dämons, der mit diesem Verlangen in Verbindung steht. Dadurch werden die Wünsche des Dämons auf dich übertragen, und ein böser Geist ist immer begierig darauf zu sündigen.

Wenn ein Mensch von einem Lügengeist beherrscht wird, ist er nicht fähig, die Wahrheit zu sagen. Der Betreffende lügt nicht mehr, um sich zu schützen oder die Wahrheit über einen peinlichen Vorfall zu verschweigen. Er lügt vielmehr, weil er nichts anderes mehr tun *kann*. Wenn du ihn fragst, welcher Tag heute ist, wird er dir antworten, es sei Dienstag, obwohl er weiß, daß es Montag ist. Frage ihn nach dem Weg, und er wird dich in die verkehrte Richtung schicken. Er steht unter dem Zwang zu lügen.

Falls du jemand begegnen solltest, der von einem Lustgeist beherrscht wird, lernst du eine Person kennen, die an nichts anderes denken und von nichts anderem reden kann. Sein ganzes Leben dreht sich um Sex.

Du siehst also, wie schrecklich es ist, von einem solchen Zwang gesteuert zu werden. Ein Mensch, der solchen Geistern zum Opfer gefallen ist, versucht vielleicht zunächst, diese fixen Gedanken abzuschütteln. Er redet sich ein, daß er sich bald ändern wird, doch in seiner eigenen Kraft ist er dazu nicht fähig. Und während dessen schlagen die Dämonen ihre Krallen immer tiefer in seine Seele.

Nach einiger Zeit erreicht der Betreffende einen Punkt, an dem er an seinem Verhalten nichts Verkehrtes mehr erkennen kann. Er kann nicht mehr beurteilen, was richtig und was falsch ist. Und solange diese zwanghafte Versessenheit nicht durch die Kraft Gottes gebrochen wird, lebt dieser Mensch in völliger geistlicher Dunkelheit.

Eine zwanghafte Leidenschaft oder Versessenheit kann auf verschiedenen Wegen eingeleitet werden.

- Sie kann mit einer Lüge beginnen, der du Glauben schenkst.

„Es wird mir nicht schaden, wenn ich *einen* Pornofilm anschaue."„ „Was soll schon falsch daran sein, sich einige Drinks zu genehmigen?" „Ich begehe doch kein Verbrechen, ich flirte eben ein bißchen mit meiner Sekretärin."

Eine Lüge schafft der nächsten Bahn. Und ein falscher Schritt kann zu einem weiteren führen, bis du schließlich völlig vom richtigen Weg abgekommen bist. Lasse dich nicht durch eine Lüge des Teufels täuschen. Halte stattdessen in jeder Situation Ausschau nach der Führung des Heiligen Geistes!

- Eifersucht kann zu einer zwanghaften Fixierung führen.

Ein Ehemann kommt zu dem Schluß, daß er seiner Frau nicht trauen kann. Obwohl sie nichts getan hat, was diesen Verdacht be-gründen würde, kann er das nagende Mißtrauen nicht loswerden. Er beginnt, sie in anklagendem Ton über jede ihrer Unternehmungen auszufragen: „Wo warst du heute? Was hast du getan? Mit wem hast du dich getroffen?"

Und nach kurzer Zeit ist das Leben der beiden Eheleute wegen der zwanghaften Eifersucht des Mannes zerstört.

Eifersucht ist ein bevorzugtes Instrument des Teufels. Er liebt es, durch Eifersucht Streit zwischen Menschen zu stiften. Dieses „grünäugige Monster" kann Ehen, Familienbeziehungen, Geschäftsunternehmen, Gemeinden und vieles mehr ruinieren.

Erlaube dir nicht, eifersüchtig zu sein. Eifersucht kann dich vernichten!

- Auch Haß kann zu einer zwanghaften Versessenheit werden.

Als Christen haben wir kein Recht, andere zu hassen. Jesus hat uns ermahnt, selbst unsere Feinde zu lieben. Ganz gleich, was andere uns angetan haben und wie gemein sie sich uns gegenüber verhalten haben, wir müssen sie, unabgesehen davon, lieben.

Und trotzdem kann es geschehen, daß ein Christ extreme Abneigungen gegen einen anderen empfindet, obwohl er diese Gefühle nicht dulden möchte. Ist dies der Fall, solltest du für die betreffende Person beten. Bitte Gott, ihn oder sie zu segnen. Und bitte den Herrn, Er möge dir die Umstände aus der Perspektive des anderen zeigen. Ergib dich nicht den Dämonen, die dein Herz mit Haß erfüllen möchten.

Einige sind nicht deshalb in Schwierigkeien geraten, weil sie andere hassen, sondern weil sie sich der Vermutung hingegeben haben, sie würden abgelehnt werden. Sie haben das Gefühl, daß andere sie ausschließen. Sie halten Ausschau nach Gelegenheiten, bei denen sie verletzt wurden. Eine beifällige Bemerkung, die jemand macht, fassen sie sofort als schmerzhafte Kränkung auf.

Ein solcher Verlauf läßt mit Sicherheit auf die Einwirkung von Dämonen schließen, die ihrem Opfer Lügen einflüstern: „Niemand mag dich. Sie sind alle gemein zu dir. Du solltest jeglichen Kontakt abbrechen!"

Diese Dämonen haben nur eine Absicht: Sie möchten dich in die Isolation treiben und dann über dich herfallen. Erlaube es ihnen nicht!

- Und schließlich kann es durch gewisse Sünden zu einer zwanghaften Versessenheit kommen.

Du kannst dich so tief in eine Sünde verstricken, daß du schließlich keine Willenskraft mehr besitzt. Drogensüchtige können davon ein Lied singen! Wenn jemand anfängt, Drogen zu nehmen, redet sich der Betreffende ein, daß er sie nur deshalb nimmt, weil er die berauschende Wirkung genießt, und daß er jederzeit damit aufhören kann. Doch einige Zeit später muß er erkennen, daß er sich geirrt hat. Die Sucht hat ein Stadium erreicht, in dem er nicht mehr von den Drogen lassen kann, selbst wenn sein Leben davon abhängen würde - und nicht selten tut es das!

Es gibt einen bekannten Baseball-Spieler, der nicht ein- oder zweimal, sondern *siebenmal* wegen Kokainbesitzes festgenommen wurde. Er hat dadurch seine Ehe und um ein Haar seine Karriere ruiniert. Er war zunächst auf Lebenszeit disqualifiziert worden, bekam aber noch einmal eine Chance. Er wurde immer und immer wieder gewarnt, und er versprach jedesmal, sein Leben in Ordnung zu bringen. Doch bis heute fällt er regelmäßig in die Drogensucht zurück. Das kann geschehen, wenn ein Mensch die Gesetze Gottes mißachtet.

Es gibt ein altes, chinesisches Sprichwort: „Eine 1.000 km lange Reise beginnt mit dem ersten Schritt." Das gilt für jeden Weg, auch für den der letztendlich in dämonische Besessenheit führt. Wenn du deine Freiheit behalten möchtest, dann gehe niemals auch nur den ersten Schritt in die falsche Richtung.

Besessenheit

Inzwischen sind wir bei der letzten Station angelangt - der Besessenheit. Mittels dieses letzten Schrittes gelingt es dem Teufel, eine unsterbliche Seele zu erobern. Überall auf der Welt gibt es dämonisch besessene Menschen, doch die meisten, die vom Teufel geknechtet werden, befinden sich in einem der ersten sechs Stadien, mit denen wir uns bis jetzt befaßt haben.

Von einem Dämon besessen zu sein bedeutet, sich unter völliger Kontrolle des Satans zu befinden. Der böse Geist, der sich in dir eingenistet hat, hat sich deiner Willenskraft bemächtigt. Wir haben bis zu diesem Punkt nur darüber gesprochen, daß ein Dämon sich in den Verstand oder den Körper eines Menschen Einlaß verschafft; den Geist haben wir dabei nicht berücksichtigt. Nun ist die Rede davon, daß ein Dämon im Geist seines Opfers lebt.

Wenn jemand sich dämonischen Attacken nicht widersetzt, können die Dämonen schließlich Besitz von ihm ergreifen. Angenommen, ein Lügengeist würde dich hartnäckig belästigen. Wenn du ihn nicht durch das Blut und den Namen Jesu vertreiben würdest, könnte der teuflische Geist dich Tag und Nacht tyrannisieren, bis es ihm gelingt, in dein Leben einzudringen.

Wenn du von neuem geboren und mit dem Heiligen Geist erfüllt bist und in engen Kontakt mit einer Person kommst, die von einem Dämon besessen ist, wird sie auf irgendeine Weise reagieren. Ihre Reaktion kann dramatisch oder auch unauffällig erfolgen.

Es gibt bestimmte Erkennungszeichen für Dämonenbesessenheit. Ein Besessener kann beispielsweise mit einer Stimme, die nicht menschlich klingt oder mit einer fremden Stimme sprechen. Ein erwachsener Mann redet plötzlich wie ein kleiner Junge oder eine Frau artikuliert sich in den tiefsten Baßtönen, oder der Betreffende spricht überhaupt nicht, sondern bellt wie ein Hund oder gibt andere Tierlaute von sich. Manchmal ändert sich seine Stimmlage auch mitten im Gespräch - aus hohen werden schlagartig tiefe Töne und umgekehrt.

Ich weiß von einem Fall, bei dem die Zunge der besessenen Person wie eine Schlange aus ihrem Mund hervorschoß, wobei deutlich ein klickender Laut zu vernehmen war. Es war nicht schwer zu erkennen, daß sich diese Person in den Händen dämonischer Mächte befand.

Gelegentlich läßt allein die Körperhaltung eines Menschen auf dämonische Besessenheit schließen, die Art und Weise, wie er seinen Kopf hält und seine Arme bewegt. Sein gesamter Bewegungsablauf ist eigenartig, und die damit einhergehende Körpersprache scheint etwas Böses auszudrücken. Damit will ich nicht sagen, daß du jeden der Besessenheit verdächtigen solltest, dessen Bewegungen sich von der „Norm" *unterscheiden*. Die Motorik und die Haltung eines Menschen *kann* andeuten, daß eine Besessenheit vorliegt, muß es aber nicht.

Vor einiger Zeit bat mich ein Ehepaar, ihrem 10jährigen Sohn zu helfen. Sie erzählten mir, daß der Junge ab und an immense Tobsuchtsanfälle bekam, in deren Verlauf er durch das ganze Haus rannte und wutentbrannt alles zerschmetterte, was er zu fassen bekam. Er zerschlug Spiegel, warf Lampen zu Boden und Möbelstücke gegen die Wand. Er konnte in einer Minute der niedlichste und bravste Junge sein und sich in der nächsten in einen Amokläufer verwandeln.
Die armen Eltern hatten bereits Ärzte und Psychiater konsultiert, doch keiner von ihnen war in der Lage gewesen, ihrem Sohn zu helfen. Natürlich konnten sie gegen seine „Krankheit" nichts unternehmen! Der Junge war von einem Dämon besessen, und als der aus ihm ausgetrieben worden war, war alles wieder in Ordnung.

Das ist keine ungewöhnliche Geschichte. Ich bin überzugt davon, daß die Nervenkliniken von Menschen überfüllt sind, die nicht geisteskrank, sondern von Dämonen besessen sind. Mehrjährige Psychotherapien, die noch dazu kostspielig sind, helfen ihnen nicht.

Nur ein Christ, der in der Kraft und Autorität Jesu die Dämonen aus ihnen austreibt, kann sie aus ihrem Elend befreien!

Derartige Ereignisse werden in den Gemeinden einsetzen, wenn der Heilige Geist wirkt. Sobald die Salbung des Heiligen Geistes den Raum erfüllt, werden die Teufel anfangen zu schreien und alles tun was in ihrer Macht steht, um den Gottesdienst zu stören. Und wenn es soweit kommt, mußt du in der Vollmacht des Herrn eingreifen. Vertreibe die Dämonen, die Unruhe stiften, und fahre dann unbeeindruckt fort, Gottes Gegenwart und Größe zu feiern!

Von einem Dämon besessen zu sein, ist ein entsetzlicher, unerträglicher Zustand. Es ist die schlimmste Form der Gebundenheit.

In der heutigen Welt gibt es abertausende von Menschen, die auf diese Weise gebunden sind. Sie müssen befreit werden, und sie *können* frei werden, wenn Christen bereit sind, in der Kraft und Autorität des Herrn Jesus Christus einzuschreiten. Ich habe diese Aussage bereits gemacht, aber ich muß sie wiederholen. Es gibt nicht einen einzigen Dämon im gesamten Universum, der der Macht des Herrn standhalten könnte. Keiner von ihnen kann es, nicht einmal Luzifer selbst!

Wenn du in der Stärke des Herrn lebst, hast du nicht das geringste von den Dämonen zu befürchten. Sie dagegen zittern vor dir!

Im nächsten Kapitel werde ich dir erklären, warum die Mächte der Finsternis dich fürchten und was du gegen sie unternehmen kannst.

Geh voran in der Kraft des Herrn!

7
Geh voran in der Kraft des Herrn!

Inzwischen haben wir schon einiges über Dämonen erfahren und gelernt.

- Wir haben ergründet, woher sie stammen.

- Wir haben uns mit ihrem Anführer Luzifer, der auch als Satan bekannt ist und seiner Vertreibung aus dem Himmel befaßt.

- Wir haben festgestellt, daß Spukhäuser, Heimsuchungen von Geistern und viele andere okkulte und auch die in der *New-Age*-Bewegung angewandten Praktiken wie „Seancen" und „Channeling" auf die Einwirkung von Dämonen zurückzuführen sind.

- Wir haben studiert, wie Christus mit Dämonen umgegangen ist.

- Wir haben uns damit auseinandergesetzt, wie die Urgemeinde gegen Dämonen angegangen ist.

- Und wir haben nachvollzogen, wie Dämonen Zutritt zu einem Menschenleben erlangen.

Nun erhebt sich nur noch eine wichtige Frage: Wie kannst du von deiner Autorität über Satan und die Heerscharen der Hölle Gebrauch machen?

Während ich dieses letzte Kapitel schreibe, sehe ich durch mein Fenster hinaus auf einen herrlichen Herbstabend. Durch das Laub der Bäume flimmert das Licht aus dem Haus meines Nachbarn. Es ist eine sternenklare Vollmondnacht. Ich höre das Dröhnen eines Flugzeugs, und ich kann seine blinkenden Scheinwerfer sehen, als es über mir vorbeifliegt.

Es ist eine ganz gewöhnliche Nacht und jemand, der es nicht besser weiß, könnte durchaus zu dem Schluß kommen, daß die Welt in Ordnung ist - daß alles läuft, wie es laufen sollte.

Doch das entspricht leider nicht der Wahrheit.

Über unserem Kopf - in meiner und in deiner unmittelbaren Umgebung - tobt ein unerbittlicher Krieg. Gerade in einer so schönen und klaren Nacht wie dieser fällt es schwer zu glauben, daß irgendwo ein Kampf stattfindet. Und doch ist pausenlos eine Schlacht im Gange, und das Ziel ist die Kontrolle über jedes menschlicher Wesen auf diesem Planeten zu erlangen.

Regel Nr. 1:
Sei dir bewußt, daß du dich in einem ernstzunehmenden Krieg befindest!

Es ist ein Krieg, zu dem wir alle berufen sind. Du bist - ebenso wie ich - ein Soldat. Wenn du Christus angehörst, mußt du diesen Kampf und deinen Beitrag dazu sehr ernst nehmen.

Du mußt dich ausbilden lassen, damit du den Feind nicht nur erkennst, sondern ihn auch bei einem Duell besiegen kannst. Und lasse dich in dieser Hinsicht nicht täuschen! Wenn du bereit und willig bist, vom Herrn gebraucht zu werden, stehen dir etliche solcher Konfrontationen bevor.

Zunächst solltest du wissen, daß jedem Christen der Dienst der Befreiung übertragen wurde. Wir sind zu diesem Kampf gegen die Mächte der Finsternis berufen worden.

In Mark. 16, 15-17 finden wir die Verse, die als „Missionsbefehl" bezeichnet werden. Hier fordert Jesus all diejenigen auf, die an Ihn glauben, in alle Welt zu gehen und der ganzen Schöpfung das Evangelium zu predigen. Ich bin überzeugt, jeder Gläubige wird mir zustimmen wenn ich sage, daß diese Aussage des Herrn äußerst ernst zu nehmen ist. Wenn wir Vers 17 jedoch genauer ins Auge fassen, lesen wir folgende Worte:

„**Diese Zeichen aber werden denen folgen, die glauben: In meinem Namen werden sie Dämonen austreiben...**"

Von wem spricht Jesus hier? Von *all* denjenigen, die glauben. Glaubst du an Jesus? Hast du Ihm dein Leben übergeben? Ist Er dein Herr und Erlöser? Wenn ja, dann spricht der Herr in diesem Vers von dir. Du solltest in Seinem Namen Dämonen austreiben. Ich weiß nicht, wie alt du bist. Vielleicht bist du 12, vielleicht bist du 102 Jahre alt. Im Grunde genommen spielt das keine Rolle, denn du bist niemals zu jung oder zu alt, um dich an dem Krieg zu beteiligen, dessen Schlachtfeld das gesamte Universum ist. In manchen Gemeinden wird über Befreiung geschwiegen. Einigen ist dieses Thema peinlich und andere meiden es schlichtweg deshalb, weil sie sich vor Dämonen fürchten. Doch gerade solche Gemeinden, die Befreiung mit unangenehmen Vorstellungen verbinden oder die sich vor Teufeln ängstigen, *brauchen* diesen Dienst dringend.

Fürchte dich nicht. Gott hat dir Seine Kraft zur Verfügung gestellt, doch es liegt an dir, von ihr Gebrauch zu machen. Und du solltest sie immer und überall einsetzen, wo sie benötigt wird! Sei dir stets bewußt, daß die Mächte der Finsternis vor dir Angst haben, weil du in Christus bist. Die Kraft Gottes fließt durch dich, und deshalb kann dir kein Dämon standhalten.

Regel Nr. 1 im Kampf gegen die Gewalten der Hölle lautet also: Sei dir bewußt, daß du als von neuem geborener Gläubiger dazu berufen bist, Dämonen auszutreiben, und daß dir die dazu erforderliche Kraft übertragen worden ist.

Regel Nr. 2:
Vergegenwärtige dir, wer du in Christus bist!

Wenn du mit Dämonen konfrontiert wirst, werden sie dir vorgaukeln, daß sie dir nicht gehorchen müssen. Sie werden behaupten, du seist schwach, und sie werden versuchen dir einzureden, du seist ein Sünder.

Darauf solltest du reagieren, indem du erklärst, daß sie deine Befehle sehr wohl befolgen müssen, weil du in Christus bist und in Seiner Macht und Autorität handelst. Es kann durchaus den Tatsachen entsprechen, daß du ein Mensch mit Schwachheiten bist und daß du ein Sünder warst, denn alle Menschen sind Sünder. Doch du bist durch das Blut Christi gereinigt und geheiligt worden. Wenn Gott dich betrachtet, kann Er nicht die leiseste Spur einer Sünde an dir entdecken. Er sieht ausschließlich die Gerechtigkeit, die dir durch Seinen geliebten Sohn übertragen wurde! Als Christus in den

Himmel zurückkehrte, hinterließ Er uns „schwachen" Menschen Seinen Namen, der Seinen Sieg und Seine Fähigkeit repräsentiert, jede Situation - einschließlich der Konfrontationen mit den boshaftesten Mächten der Hölle - zu überwinden.

Mache Gebrauch von dem Namen Jesus! Die Dämonen hören diese Aufforderung nicht gerne, denn es erinnert sie an die Tatsache, daß sie bezwungen und verdammt sind. Dieser Name gibt dir Autorität über *alle* Gewalt der Finsternis!

Manchmal werden Dämonen sogar versuchen, mit dir zu verhandeln. Sie erklären, daß sie eigentlich nichts Böses anrichten wollen und daß sie gar keine bösen Geister sind. Sie werden keinen Trick auslassen, um dich von ihnen fernzuhalten. Höre nicht darauf! Lasse dich nicht beschwatzen! Treibe sie durch die Autorität, die du in Christus besitzt, aus!

Oder sie werden versuchen, dich zu erschrecken, weil sie darauf hoffen, daß du zurückweichst und sie in Ruhe läßt, wenn sie dich durcheinanderbringen und dir Angst einjagen. Wie werden sie das anstellen? Es gibt verschiedene Möglichkeiten. Die besessene Person kann beispielsweise in ihrer normalen menschlichen Stimme reden und eine Sekunde später brüllen wie ein Löwe oder bellen wie ein Hund. Oder der Dämon bewirkt, daß sich der Körper des Besessenen eigenartig verbiegt. Es können sich auch ähnliche Szenen wie in dem Film „Der Exorzist" abspielen, in dem das besessene Mädchen eine Flüssigkeit erbricht, die wie grüne Erbsensuppe aussieht! Welches Spektakel der Dämon auch aufführen mag, lasse dich nicht von der Ausführung deiner Aufgabe abbringen! Vergegenwärtige dir, wer du in Christus bist, und treibe den Dämon aus.

Weißt du, wer du bist? Du bist ein Botschafter des Königs der Könige. Du bist eine neue Schöpfung in Christus. Du bist ein Botschafter des Neuen Jerusalems. Du bist derjenige, den Gott gesandt hat, um diese Person aus den Klauen des Satans zu befreien. Du hast Vollmacht über alle Gewalt des Teufels. Verstehst du das? Glaubst du es? Es ist die absolute Wahrheit. Die Macht, die alles, was du siehst, erschaffen hat, wohnt in dir. Du bist eine zierliche, junge Frau? Du bist eine mächtige Kriegerin in Christus. Du bist ein gebrechlicher, alter Mann? Auch du bist ein starker Soldat in Christus. Es ist ganz gleich, ob du blind oder an einen Rollstuhl gefesselt bist oder irgendein anderes körperliches „Handicap" hast.

In Christus bist du ein Kämpfer. In Ihm wirst du stets siegreich über die Mächte der Bosheit sein - so wie auch der junge Schafhirte David den riesigen Goliath bezwungen hat.

Du mußt den Dämonen von deinem Standpunkt aus und in der dir verliehenen Autorität gegenübertreten. Sei nicht unentschlossen, unsicher oder zurückhaltend, wenn du mit ihnen zusammentriffst. Du mußt ihnen wie ein Boxer entgegentreten, der seinem Gegner siegessicher in die Augen blickt.

Man sagt, Hunde würden spüren, wenn jemand sich vor ihnen fürchtet. Ebenso verhält es sich mit Dämonen. Wenn sie dich anschauen und keine Furcht in deinen Augen erkennen, werden sie sich ängstlich zurückziehen und wissen, daß sie keine Chance haben.

Regel Nr. 3:
Bete in neuen Sprachen!

Bete in neuen Sprachen, während du einen Dämon austreibst. Dadurch bist du aufmerksam für das Kampfgeschehen, so daß du sofort erkennst, wenn die bösen Geister versuchen, dich zu überlisten. Es kann der Fall sein, daß du gar nicht weißt, wie man in neuen Sprachen betet, während du diese Zeilen liest. Das bedeutet, daß du noch nicht mit dem Heiligen Geist erfüllt bist, doch danach solltest du dich unbedingt ausstrecken. Wenn du die Taufe im Heiligen Geist noch nicht erlebt hast, steht dir nicht die ganze Fülle der geistlichen Kraft Gottes zur Verfügung. Ja, es ist möglich, daß du zwar von neuem geboren, aber nicht mit dem Heiligen Geist erfüllt bist. Doch dann fehlt dir eine sehr wichtige Erfahrung. Über dieses Thema sind bereits viele ausgezeichnete Bücher geschrieben worden, und ich möchte dich eindringlich ermutigen, sie gründlich zu lesen *und* zu beten.

Jedesmal, wenn ich einen bösen Geist austreibe, bete ich in Englisch und in neuen Sprachen. Wie ich bereits erwähnt habe, hilft mir das Beten in neuen Sprachen dabei, wachsam zu bleiben. Und das ist sehr wichtig, weil der Teufel und seine Helfershelfer keine List unversucht lassen werden.

Ein Trick ist beispielsweise, daß die Dämonen vorgeben, sie hätten ihr Opfer verlassen, obwohl dies gar nicht der Fall ist. Und wenn ich anhaltend in neuen Sprachen bete, ist mein geistliches Unterscheidungsvermögen so geschärft, daß ich ihnen weiterhin befehle, die betreffende Person zu verlassen, bis sie tatsächlich ausgetrieben sind.

Ebenso kann es geschehen, daß zwar ein oder mehrere böse Geister aus jemandem ausgetrieben worden sind, aber daß jene weit stärkere Dämonen zurücklassen. Du mußt bedenken, daß ein einziger Mensch sehr wohl als Behausung für eine ganze Anzahl von Dämonen dienen kann. Du begehst einen tragischen Fehler wenn du aufhörst, bevor die Aufgabe vollständig zu Ende geführt worden ist - bevor der Starke, der sich im Geist des Menschen ein-genistet hat, gebunden und ausgetrieben worden ist. Wenn du in neuen Sprachen betest und vom Heiligen Geist geführt bist, wirst du *wissen*, wann die Schlacht gewonnen ist.

Regel Nr. 4:
Gebrauche die Gaben des Geistes!

Wenn du noch nicht mit dem Heiligen Geist erfüllt bist, ist diese Regel für dich nicht anwendbar. Und ich wiederhole, wenn das auf dich zutrifft, bekämpfst du Dämonen mit untauglichen Waffen.

Der Heilige Geist hat mir häufig, wenn ich einen Dämon ausgetrieben habe, ein Wort der Erkenntnis oder ein Wort der Weisheit gegeben.

Ich konnte der betreffenden Person sagen: „Du hast dieses Problem gehabt, und bei dieser Gelegenheit hast du dich für dämonische Einflüsse geöffnet!" Vielleicht offenbart mir der Herr, daß der oder die Betreffende nicht bereit ist, jemand anderem zu vergeben, oder daß er oder sie an einer unvergebenen Sünde festhält.

Manchmal muß ich sagen: „Weißt du, wenn du diese Tür nicht schließt und dem Menschen nicht vergibst, kann ich den Dämon nicht austreiben", oder „Wenn du dem Herrn diese Sünde nicht bekennst, werden wir diesen bösen Geist nicht los!"

Es ist mir bereits mehr als einmal auf übernatürliche Weise offen-bart worden, daß ein Dämon Zutritt zum Leben der Person, für die ich betete, bekommen konnte, weil diese als Kind sexuell miß-braucht wurde. Der Heilige Geist hat mir einen Einblick gegeben, daß ein Lügengeist sich einschleichen konnte, weil die Eltern, die es mißbraucht hatten, in ihrem Kind eine Scheu vor der Wahrheit hervorgerufen haben.

Es ist also leicht ersichtlich, wie wichtig solche Informationen sind, um einen Menschen völlig heil und frei machen zu können.

Ich bin stets sehr dankbar dafür, wenn ich erfahre, wie und warum ein Dämon von einem menschlichen Leben Besitz ergreifen konnte. Es ist großartig, jemanden von der Kontrolle teuflischer Geister freizusetzen und ihn zu lehren, welche Änderungen er - mit der Hilfe des Herrn - in seinem Leben vornehmen kann, um die Rückkehr der Dämonen zu verhindern.

Wenn die Gaben des Geistes durch dich wirksam werden, wenn du Gott hingegeben bist und in Seiner Kraft und unter der Führung des Heiligen Geistes handelst, wirst du in jeder Situation wissen, was du tun mußt.

Gelegentlich empfängst du eine besondere Salbung, um mit be-stimmten Gattungen böser Geister oder mit schwierigen Umständen auf angemessene Weise umgehen zu können. Das bedeutet nicht, daß du nicht jeder Attacke des Teufels standhalten könntest, doch in diesem Fall gibt Gott dir eine spezielle Stärke, damit du den besonderen Nöten unter den gegebenen Umständen gerecht werden kannst. Aus Erfahrung weiß ich, daß eine solche Salbung nicht sehr lange anhält, deshalb nutze ich sie, solange ich sie besitze.

Wenn Gott mir beispielsweise kurzfristig eine außergewöhnliche Salbung gibt, um Dämonen, die mit sexuellen Perversionen in Ver-bindung stehen, zu bekämpfen, werde ich dementsprechend handeln und mich nicht stattdessen mit Lügengeistern oder Geistern befassen, die hinter nicht bekannten Sünden stecken. Du sagst viel-leicht: „Sind die Menschen, die von all den anderen Dämonen geknechtet werden, nicht ebenso wichtig, wie diejenigen, die Probleme mit sexuellen Perversionen haben?" Natürlich sind sie das. Was ich jedoch verdeutlichen will ist folgendes: Diese be-sondere Salbung, um eine ganz bestimmte Gattung von Dämonen auszutreiben, steht mir lediglich für einen bestimmten Zeitraum zur Verfügung, und das muß ich ausnutzen.

In meinen Veranstaltungen wirst du beobachten können, daß ich manchmal Helfer herbeirufe, die sich mit bestimmten Dämonen befassen. Das tue ich, wenn ich erkannt habe, daß ich momentan eine besondere Salbung besitze. Um zu verhindern, daß ich mich aus dieser Salbung herausbewege, vermeide ich es, mich auf andere Dämonentypen zu konzentrieren. Und ich kenne Gott gut genug um zu wissen, daß Er mir nicht eine besondere Salbung geben würde, wenn es nicht dringend erforderlich wäre.

Gott denkt sehr wirtschaftlich, und Er tut stets das, was für die meisten Menschen von größtem Nutzen ist. Aus diesem Grund ist es so wichtig, Seiner Führung zu folgen.

Regel Nr. 5:
Frage die betreffende Person, ob sie frei sein will!

Was meine ich damit? Damit will ich die einfache Wahrheit ansprechen, daß manche Menschen gar nicht frei sein wollen. Obwohl es möglich wäre, die Dämonen aus ihnen auszutreiben, würdest du deine Zeit verschwenden. Die Teufel würden im Handumdrehen zurückkehren und die betreffende Person wieder einnehmen weil sie wissen, daß sie bei ihr erwünscht sind.

Es gibt bestimmte Fälle, in denen Menschen dir nicht sagen *können*, daß sie frei sein wollen, weil die Dämonen in ihnen es ihnen nicht erlauben. Dann mußt du von deiner Autorität Gebrauch machen, ganz gleich, was der Besessene dir erklärt.

Ich halte mich an folgende Regel: Wenn jemand von Dämonen kontrolliert wird und gar nicht frei sein will, weil er sie selbst in sein Leben eingeladen hat, kümmere ich mich nicht weiter um ihn.

Manchmal frage ich: „Willst du ein derart perverses Leben führen? Möchtest du deinen Lebensstil beibehalten?"

Eine solche Frage wurde dem Betreffenden vielleicht noch nie zuvor gestellt, und einige entgegnen ganz erstaunt: „Was meinst du damit?"

Daraufhin werde ich energischer: „Ich meine, ob du den Rest deines Lebens in diesem verwirrten Geisteszustand verbringen oder ob du frei sein und ein ordentliches Leben führen möchtest?"

Wenn ich dann die Antwort bekomme, „Ich will frei sein!", dann vergewissere ich mich noch einmal: „Meinst du das ernst?" Wenn ich mir sicher bin, daß die betreffende Person die Wahrheit sagt, gehe ich sofort zur Befreiung über, indem ich in der Autorität des Namens Jesu den Dämon austreibe.

Regel Nr. 6:
Glaube an den Namen Jesus!

Der Name Jesus birgt enorme Kraft in sich. Doch diese Kraft wird nur durch den Glauben in diesen Namen aktiviert. Erinnere dich an den Bericht, der jüdischen „Exorzisten", die versuchten, Dämonen *„in dem Jesus, den Paulus predigt"* auszutreiben. Statt zu ge-horchen, fielen die bösen Geister über die Exorzisten her, und diese konnten von Glück sagen, daß sie mit dem Leben davonkamen! Sie hatten kein Recht, den Namen Jesu zu benutzen, weil sie weder an Ihn noch an Seinen Namen glaubten. Aus diesem Grund blieb die entsprechende Wirkung aus.

Du mußt von ganzem Herzen an Jesus glauben, bevor du von Seinem Namen Gebrauch machen und Dämonen austreiben kannst. Lebst du für Ihn? Hast du täglich Gemeinschaft mit Ihm? Studierst du Sein Wort und sinnst du so intensiv über es nach, daß es in deinem Herzen Wurzeln gefaßt hat und du felsenfest darauf ver-traust? Verstehst du und glaubst du an die Kraft von Gottes Wort?

Wenn du nicht an die Aussagen der Bibel glaubst, kannst du den Dämonen stundenlang Schriftstellen zitieren, und sie werden nur gelangweilt gähnen. Sie werden nicht im geringsten beeindruckt sein. Wenn dir das Wort Gottes nichts bedeutet, wirst du damit auch bei den Dämonen nichts ausrichten können.

Wenn du befiehlst, „In Jesu Namen verlasse diese Person!", dann mußt du dir bewußt sein, daß du den Namen anwendest, der über allen anderen Namen ist. Vor diesem Namen muß sich jedes lebende Wesen ehrfurchtsvoll beugen. Der gesegnete, heilige, wunderbare Name Jesus! Wenn du den Namen Jesu in dieser

Weise gebrauchst, schlägt er im Reich der Finsternis ein wie eine Bombe, die jede Macht der Hölle in der Luft zerfetzt.

Regel Nr. 7:
Sei nicht nervös!

Ich kann verstehen, daß du Schmetterlinge im Bauch hast, wenn du das erste Mal im Glauben voranschreitest, um einen Dämon auszutreiben. Deshalb bitte Gott darum, dich von jeglicher Nervosität zu befreien, damit du kühn und im Glauben handeln kannst - und Er wird dir helfen. Es ist sehr wichtig, daß du lernst, Ruhe zu bewahren, indem du dich auf die Herrlichkeit und Macht des Herrn konzentrierst.

Ich war einmal in einen Vorfall verwickelt, bei dem es den Anschein hatte, um mich herum sei die Hölle losgebrochen. Menschen schlängelten sich auf dem Fußboden wie Schlangen, andere knurrten und bellten wie Hunde, manche weinten und wimmerten. Und inmitten dieses Chaos fühlte ich einen tiefen Frieden in mir - den Frieden, der den Verstand übersteigt. Und dieser Friede steht jedem Kind Gottes zur Verfügung.

Es sind nicht immer die Dämonen, die dich nervös machen. Manchmal versetzt dich die Person, für die du betest, in Erstaunen. Ich habe beispielsweise schon erlebt, daß angesehene Gemeindeleiter nach vorne in die Gebetsreihe kamen und sehr bald offensichtlich wurde, daß Dämonen in ihrem Leben bereits tiefe Wurzeln geschlagen hatten. Vom gesunden Menschenverstand aus betrachtet würde man am liebsten ausrufen: „Was, ich kann es nicht glauben! *Du* hast Schwierigkeiten mit Dämonen?"

Nun, lasse dich dadurch nicht beirren. Treibe den Dämon aus und dann wende dich wieder deinem eigenen Leben zu. Mache dir bewußt, daß der Dienst der Befreiung nicht das Recht beinhaltet, über andere zu urteilen. Du hast lediglich den Auftrag, Menschen freizusetzen. Oftmals erhalten Menschen nicht die erforderliche Hilfe, weil sie sich schämen. Ihr Stolz hält sie weiterhin in Ge-bundenheit. Wenn du also eines Tages jemanden freisetzst, zu dem du aufgeschaut und den du respektiert hast, dann werde nicht nervös und erlaube auch nicht, daß du die betreffende Person des-wegen verachtest. Setze sie oder ihn frei und preise Gott dafür, daß Er Seine Macht durch dich wirksam werden ließ!

Und das bringt mich zu einem weiteren, wichtigen Punkt. Sprich anschließend nicht mehr über dieses Ereignis! Natürlich wirst du vielleicht mit dem betreffenden Menschen sprechen und erklären müssen, was geschehen ist - vergewissere dich lediglich, ob er erkannt hat, daß er durch die Kraft des Herrn freigesetzt worden ist, und daß er deine Anweisungen befolgen wird. Doch wenn du das getan hast, dann vergiß die ganze Angelegenheit!

Wenn du die richtige Einstellung hast, ist es kein Fehler, gelegentlich zu prüfen, ob die Person ihre Freiheit behalten hat. Es ist völlig in Ordnung, ab und zu bei ihr vorbeizuschauen und zu fragen, wie es ihr geht. Gab es irgendwelche Probleme oder dämonische Attacken? Wenn ja, dann fordere sie auf, mit dir den Herrn um Seinen Schutz und Seine Hilfe zu bitten. Erinnert den Teufel gemeinsam daran, daß du ihn ausgetrieben hast und daß er keinerlei Rechte mehr an der betreffenden Person hat. Erkläre ihr erneut, wie sie von ihrer Autorität über die Mächte der Finsternis Gebrauch machen kann, wenn diese angreifen. Erinnere sie daran, daß sie den Dämonen kein Gehör schenken muß und daß der Teufel im Namen Jesu vor ihr fliehen muß. Vergiß dabei nicht, daß euer Gespräch absolut vertraulich ist. Es sollte zwischen euch beiden bleiben, sprich deshalb mit keiner dritten Person darüber. Um ganz deutlich zu werden, es geht niemanden etwas an!

Erzähle nicht in der ganzen Gemeinde herum, daß du aus So-und-so einen Dämon ausgetrieben hast. Und gehe nicht jedesmal auf So-und-so zu, wenn du sie oder ihn siehst, und sage: „Weißt du noch? Ich habe einen Dämon aus dir ausgetrieben?" Ein solches Verhalten bewirkt nichts Gutes. Was geschehen ist, gehört der Vergangenheit an. Kümmere du dich lieber um die Zukunft!

Es ist möglich, in einem Maß mit dem Heiligen Geist in Einklang zu sein, daß du dich nach einer Freisetzung gar nicht mehr daran erinnern kannst, wem du gedient hast. Mir ist es vorgekommen, daß jemand auf mich zu kam und sagte: „Erinnerst du dich an mich... Du hast letzte Woche einen Dämon aus mir ausgetrieben!" Und ich mußte mich entschuldigen: „Nein, tut mir leid. Ich kann mich tatsächlich nicht mehr daran erinnern." Ich möchte niemanden verletzen, doch wenn ich in großem Rahmen diene, wirke ich unter der

Kraft des Heiligen Geistes, und es kommen sehr viele Menschen nach vorne, um geheilt oder befreit zu werden. Und in solchen Zeiten kann es geschehen, daß ich unmittelbar nach der Ver-anstaltung bereits vergessen habe, was ich gesagt oder getan habe!

Regel Nr. 8:
Wenn du die Hände auflegst, wird Kraft freigesetzt!

Fürchte dich nicht davor, besessenen Menschen die Hände aufzulegen. Wenn die Kraft Gottes durch dich fließt, strömt sie durch deine Hände in den Körper der Person, für die du betest.

Wenn du das Neue Testament liest, wirst du feststellen, daß der Heilige Geist häufig übertragen wurde, wenn die Apostel ihre Hände auflegten. Dahinter verbirgt sich eine geistliche Gesetzmäßigkeit, von der du Gebrauch machen solltest.

Gelegentlich kannst du spüren, wie der Dämon sich durch den Körper seines Opfers bewegt, wenn du dem gequälten Menschen die Hände auflegst. Als ich einer Person in der Magengegend die Hand aufgelegt hatte, konnte ich fühlen, wie der Dämon sich nach oben bewegt hat - durch die Brust, die Kehle - und schließlich durch den Mund ausgetreten ist. Eine dämonische Masse oder Verknotung bahnt sich durch den Körper ihren Weg nach außen. Oftmals fangen die besessenen Personen an zu würgen, wenn der Dämon ihre Kehle passiert. Manche haben auch angefangen zu schreien und sind in Panik ausgebrochen: „Ich kann nicht mehr atmen! Ich muß brechen! Ich werde sterben!"

In einem solchen Fall mußt du die Person beruhigen und ihr erklären, daß der Dämon im Begriff ist, ihren Körper zu verlassen und daß sie nicht sterben wird. Vielmehr wird sie nun endlich leben... sie wird ein freies Leben voller Freude führen, daß sie zuvor nicht kannte.

Ich ermutige dich abermals: Mache Gebrauch vom Auflegen der Hände! Wenn du für Gott lebst, gehören deine Hände Ihm, und Er möchte Seine Kraft durch dich strömen lassen.

Dies sind acht wichtige Regeln im Umgang mit Dämonen. Zusammengefaßt lauten sie:

1) Begreife, daß du dazu berufen bist, Dämonen auszutreiben, und daß du die Kraft und Autorität besitzt, die dazu erforderlich sind.

2) Du mußt wissen, wer du in Jesus bist.

3) Bevor du einem Menschen dienst, frage ihn, ob er frei sein will.

4) Glaube an den Namen Jesus und an das Wort Gottes.

5) Sei nicht nervös!

6) Bete in neuen Sprachen!

7) Strecke dich nach den Gaben des Geistes aus und gebrauche sie!

8) Lege den Menschen die Hände auf!

Zu Beginn dieses Kapitels habe ich darauf aufmerksam gemacht, daß im Universum ein unerbittlicher Krieg im Gange ist. Das ist die absolute Wahrheit. Ich möchte dir jedoch einschärfen, daß der Sieger bereits feststeht. Ein altbekannter Prediger sagte: „Ich habe das Ende der Geschichte schon gelesen. Und rate mal, wie sie ausgeht? Wir gewinnen!"

Wir werden siegen - Ehre sei Gott!

Doch obwohl Satan auch nicht die geringste Aussicht auf den Sieg hat, ist er doch darauf aus, uns bis dahin noch so viele Unannehmlichkeiten wie möglich zu bereiten. Der Ausgang des Kampfes steht bereits fest, doch es liegen noch etliche blutige Runden vor uns. Satan attackiert weiterhin Menschen - ungeachtet ihres Alters, ihrer Nationalität oder ihres Lebensstils.

Wir müssen ihn und seine Heerscharen aufhalten. Wir müssen zurückschlagen. Gott hat uns absolute Vollmacht über die Mächte der Finsternis gegeben, und Er befiehlt uns (- jedem von uns!), gegen den Feind einzuschreiten.

Die Zeit ist gekommen, uns in dem mächtigen Namen Jesus aufzumachen, um Feindesland zu erobern!

Adullam Verlag informiert

Die Vision des Adullam Verlages

Adullam ist die Höhle, in der sich David vor Saul versteckte (1. Sam. 22, 1-2). Zu ihm gesellten sich Bedrängte, Verschuldete und einige mit verbitterter Seele. Doch aus eben dieser Höhle kam die beste Armee der ganzen alttestamentlichen und neutestamentlichen Geschichte hervor. Jesus sagte: *„Kommt her zu mir, alle ihr Mühseligen und Beladenen..."* (Matth. 11, 28). So wie damals, möchte der Herr auch heute jeden aufnehmen und ihn zu einem starken Soldaten in Seiner Armee machen.

Wir haben uns zur Aufgabe gemacht, die dafür notwendige geistliche Nahrung in Form von Büchern, Kassetten und Videos auf den Markt zu bringen. In erster Linie handelt es sich um Material, das wir aus dem Englischen übersetzen. Dabei ist der Bekanntheits- oder Beliebtheitsgrad des Autors für uns nicht der Maßstab, sondern vielmehr die Bedeutsamkeit seiner Botschaft für den Leib Christi!

Bisher erschienene Produktionen:

- **RELIGIÖSE POLITIK - MENSCHEN- ODER GOTT- GEFÄLLIG?** / *Roberts Liardon*
- **DIE GÖTTLICHE INVASIONSMACHT** / *Roberts Liardon*
- **DER SCHREI DES GEISTES** / *Roberts Liardon*
- **DER PREIS FÜR GEISTLICHE KRAFT** / *Roberts Liardon*

Bestellungen sind an folgende Adresse zu richten:
Adullam Verlag   St.-Ulrich-Platz 8
85630 Grasbrunn / Deutschland

REVIVAL TO THE NATIONS
A NEW GENERATION BRINGING REVIVAL TO THE NATIONS

Spirit Life Bible College
Laguna Hills, California

It is the heart of Spirit Life Bible College to raise and train a generation of people to go out and subdue the hardened spiritual climate of a nation, and win it for the Kingdom of God. We will train our students how to live victoriously in any environment, emerging with the message, the joy and the life of God.

Roberts Liardon
Founder & President

Some of the courses include:

Spiritual Leadership	God's Generals
Gifts of the Spirit	Human Illness & Healing
Soul Development / The Mind of Christ	
Spiritual Timing	Spirit of Revival
Dynamics of Faith	The Champions of God
The Ministry Gifts	Roots of Character
and much, much more!	

You have a part - isn't it time you did something to reach the world for Jesus Christ? Send today for your application and catalog!

For more information or to receive a catalog
and a application,
please call (USA) - (714) 751-1700 or write:

Roberts Liardon Ministries
P.O. Box 30710 ● Laguna Hills, CA 92654-0710
Discounts for couples and child are available

To contact **Roberts Liardon**
write

Roberts Liardon Ministries
P.O. Box 30710, Laguna Hills, CA 92654

Roberts Liardon Ministries International Sales Offices:

United States
Embassy Publishing
(Division of Roberts Liardon Ministries)
P.O. Box 3500
Laguna Hills, CA 92654-3500
U.S.A.

England, Europe, Eastern Europe and Scandinavia
P.O. Box 2043
Hove, Brighton
East Sussex BN3 6JU
England

Asia
Roberts Liardon Productions
Raffles City
P.O. Box 1365
Singnapore, 9117
Republic of Singapore

New Zealand and Australia
Lifeway Ministries
P.O. Box 303
Warkworth, New Zealand

Africa
Embassy Christian Center
P.O. Box 2233
Kimberley 8300
South Africa